Groeiwijzer van één tot vier jaar
Verzorging en opvoeding

Paulien Bom en Machteld Huber

Groeiwijzer
van één tot vier jaar

VERZORGING EN OPVOEDING

In samenwerking met:
Guus van der Bie
Anneke Maissan-van der Hoeven
Toke Bezuijen

 Uitgeverij Christofoor, Zeist

Een compleet overzicht van onze boeken vindt u op www.christofoor.nl

Zesde herziene druk 2009

Bom, Paulien et al.

Groeiwijzer van één tot vier jaar : Verzorging en opvoeding /
Paulien Bom en Machteld Huber – Zeist: Christofoor. – Ill., lit., reg.
ISBN 978 90 6238 608 6
NUR 850
Trefwoord: Peuter- en kleuterverzorging

Omslag: AC+M, Frank Breedveld, Maarssen
Afbeeldingen omslag: Photo Alto
Illustraties: Veronica Nahmias
© Uitgeverij Christofoor, Zeist 1997

Niets uit deze uitgave mag worden verveelvoudigd en/of openbaar gemaakt, door middel van druk, fotokopie, microfilm of op welke andere wijze ook, zonder voorafgaande schriftelijke toestemming van de uitgever.
No part of this book may be reproduced in any form, by print, photoprint, microfilm or any other means, without written permission from the publisher.

Inhoud

Verantwoording	7
Wat wij belangrijk vinden bij de omgang met peuters	9
Een warm nest	9
Alles op zijn tijd	11
Een peuter heeft bescherming nodig	11
'Echte' ervaringen	12
Leve de fantasie	13
Opvoeden op je eigen manier	13
Doen en nadoen	14
Ieder kind heeft een eigen lot	14
De ontwikkeling van het kleine kind	15
De lichamelijke ontwikkeling	16
De motorische ontwikkeling	17
De spraakontwikkeling	19
De ontwikkeling van het denken	21
De sociaal-emotionele ontwikkeling	22
De wilsontwikkeling	26
De kunst van het opvoeden	28
Aandacht	28
Ritme, gewoontevorming en rituelen	32
Regels en grenzen	33
Nee zeggen	36
Straffen en belonen	37
De drie peuterwapens	41
Ouders en kinderen	43
Het gezin	43
Broertjes en zusjes	45
Ruzie	47
Ouders onderling	48
Kinderopvang	50

Thema's in de verzorging	52
Voeding	52
Aandacht voor het gebit	60
Kinderlijke seksualiteit	65
Zindelijk worden	68
Kinderkleding	72
Spel en speelgoed	76
Kind en pop	81
Tekenen, schilderen, boetseren	83
Versjes en liedjes	86
Vertellen en voorlezen	89
Het kind en het jaarverloop	91
Televisie kijken	93
Veiligheid	95
Praktische adviezen per leeftijdsfase	97
1–1,5 jaar	98
1,5–2 jaar	107
2–3 jaar	112
3–4 jaar	120
Ziekten en zorgen	127
Over pijn en koorts	127
Kwaaltjes en ziekten	129
Kinder-EHBO	134
Kinderziekten	137
Inentingen	141
Omgaan met zieke kinderen	144
Rachitis – Engelse ziekte	145
Allergieën	145
Eetproblemen	147
Slaapproblemen	148
Aandachtspunten voor gedragsafwijkingen	150
Werkwijzen	151
Productinformatie	157
Literatuur	159
Adressen	162
Over de auteurs	164
Register	165

Verantwoording

Spoedig na het verschijnen van *Groeiwijzer van nul tot één jaar; voeding en verzorging* bereikten ons vragen naar een volgend boekje, over de periode ná het eerste levensjaar. De *Groeiwijzer*, die in eerste instantie geschreven was ten behoeve van antroposofische consultatiebureaus, bleek ook daarbuiten in een behoefte te voorzien. Een vervolg kon dus niet uitblijven en zo ontstond *Groeiwijzer van één tot vier jaar; verzorging en opvoeding*. Dit boekje bestrijkt een langere periode dan *Groeiwijzer 1*, namelijk drie jaar, en de beide Groeiwijzers samen omvatten nu de hele periode dat een kind in principe op het consultatiebureau gevolgd wordt.

Het woord 'voeding', dat in de ondertitel van *Groeiwijzer 1* voorkomt, is bij *Groeiwijzer 2* vervangen door 'opvoeding'. Het is niet zo dat daarmee de voeding een onbelangrijke plaats in het boekje zou innemen; integendeel, als onderdeel van de verzorging komt de voeding uitvoerig aan bod. Echter, van het eerste tot het vierde jaar gaat naast de verzorging ook de opvoeding steeds meer aandacht vragen. En omdat in deze tweede Groeiwijzer het onderwerp opvoeden uitvoerig aan bod komt, kozen wij voor de ondertitel: 'verzorging en opvoeding'.

Met de geboorte van een kind word je ook als ouder 'geboren' en begint het leerproces van het opvoeder-worden. Praktische keuzes die je maakt bij de verzorging van je kind zijn al een persoonlijke zaak, maar dat geldt nóg meer voor de richting die je kiest bij het opvoeden. Des te gevoeliger liggen daarom ook ideeën over opvoeding die je op papier tegenkomt: die ideeën kunnen heftige weerstand oproepen. De auteurs zijn zich hiervan terdege bewust en hebben gezocht naar een vorm waarin de lezer zich maximaal vrijgelaten kan voelen, maar toch ook desgewenst gezichtspunten kan opdoen. De oplossing hopen wij gevonden te hebben in het zo duidelijk mogelijk omschrijven van een aantal uitgangspunten die wij belangrijk vinden bij het opvoeden van een kind.

De lezer kan zo zelf bepalen of hij of zij zich hier niet, of deels, of volledig in kan vinden. De uitgangspunten die wij aan het begin noemen, worden in het boek verder uitgewerkt en vormen ook de achtergrond van de praktische adviezen achterin het boek.

Zo is *Groeiwijzer 2* te gebruiken als een denkrichting met suggesties, en niet als een noodzakelijk totaalpakket. Het pretendeert ook geenszins volledig te zijn. Wij hopen dat het een bemoediging is voor ouders om, in een voortdurend groeiproces, zich steeds meer bewust te worden van de eigen waarden en uitgangspunten, en daar ook eigen opvoedingsvormen voor te vinden. Wanneer in dit boek overigens van 'ouders' wordt gesproken, bedoelen wij evenzeer andere vaste opvoeders van het kind.

In deze Groeiwijzer worden eerst algemene gezichtspunten besproken over opvoeden en de verschillende kanten van de ontwikkeling van een kind. Vervolgens komen specifieke thema's van de verzorging aan bod en daarna worden voor vier opeenvolgende leeftijdsfasen deze verschillende thema's praktisch uitgewerkt. Tot slot volgt een hoofdstuk over veel voorkomende kleine ongemakken in het jonge kinderleven: ziekten en zorgen.

Het boek ontstond uit de gezamenlijke inzet van vijf auteurs, artsen en verpleegkundigen, over wie u achterin dit boek wat gegevens aantreft. Daarnaast is er een bijdrage van tandarts Peter Borm. De eindredactie werd verzorgd door Paulien Bom en Machteld Huber. De tekst is tijdens de totstandkoming uitvoerig becommentarieerd door een groep moeders, verpleegkundigen, (kinder)artsen en een diëtiste. Voor hun bijdragen zijn wij hen zeer dankbaar.

De medewerkers van Uitgeverij Christofoor danken wij in het bijzonder voor de wederom zeer prettige samenwerking bij de totstandkoming van dit boek, een gezamenlijke uitgave van Christofoor en Dúnamis.

Namens de auteurs,
Machteld Huber

Bij de herziene vierde druk

Bij het verschijnen van de vierde druk vonden wij het tijd de inhoud weer eens kritisch tegen het licht te houden en waar zinvol te verhelderen of te wijzigen naar actuele inzichten. Dit resulteerde in een aantal, vooral kleinere wijzigingen, die het boekje naar onze mening weer up-to-date maken. Een woord van dank geldt de diverse deskundigen die ons waardevolle feed-back gaven!

Namens de auteurs
Machteld Huber
Driebergen, mei 2003

Wat wij belangrijk vinden bij de omgang met peuters

Een warm nest

Zonder een 'warm nest' kan een kind eigenlijk niet gedijen. Liefde is de belangrijkste kwaliteit van het warme nest. Met de liefde en de bemoediging die het kind ontvangt, zal het zich kunnen hechten aan de mensen om zich heen, zal het zich veilig kunnen voelen en de wereld vol vertrouwen tegemoet kunnen gaan.
Met een warm nest bedoelen we naast gezellige warmte waar alle gezinsleden zich goed bij kunnen voelen, ook letterlijke warmte, want een klein kind heeft veel warmte nodig om te groeien en te gedijen. Het zou zo gekleed moeten zijn dat zijn lijfje overal behaaglijk warm aanvoelt, en het daardoor lekker in zijn vel komt te zitten.

Soms lijkt het wel of opvoeden – in de vorm van grenzen stellen – in strijd is met liefde en warmte. Als je grenzen stelt, moet je kracht en gedecideerdheid uitstralen, terwijl liefde en warmte toch meestal geassocieerd worden met zachtheid. Bij liefde voor het kind hoort echter ook het aanbieden van veiligheid en duidelijkheid, zonodig met kracht en gedecideerdheid, en dat is lang niet altijd leuk of gezellig.

Waar het bij het 'warme nest' verder op aan komt, is goed verwoord in een Australisch gezegde: 'Het mooiste wat je je kind mee kunt geven, zijn wortels en vleugels'. Als beide kanten van jongs af aan verzorgd worden door het kind enerzijds warmte, duidelijkheid en veiligheid te geven, en door het de ruimte te bieden om zelf de wereld te ontdekken, loop je niet zo snel het gevaar in uitersten te vervallen.

Alles op zijn tijd

Het is van vitaal belang voor de ontwikkeling van het kind dat elke ontwikkelingsfase grondig doorgemaakt wordt, en dat het kind de tijd krijgt die het daarvoor nodig heeft. Elke ontwikkelingsstap is een doorbraak, en in die zin te vergelijken met een geboorte.

Bij de geboorte van een kind is het overduidelijk dat de duur van de zwangerschap een vaste tijd nodig heeft, wil een kind gezond ter wereld komen. Als de zwangerschap veel korter, dan wel langer duurt dan 40 weken, ontstaan er problemen, waarvan een deel direct zichtbaar is.

Bij het nemen van de verschillende ontwikkelingsstappen zijn de problemen van het te vroeg of te laat meestal minder direct zichtbaar. Een kind dat nog niet uit zichzelf kan lopen maar wel achter een loopkarretje gezet wordt, zal daardoor niet direct zichtbare afwijkingen krijgen, maar zal misschien de kruipfase – een belangrijke fase voor de ontwikkeling – minder grondig doormaken.

In de peuterfase is het 'des peuters' om de wereld via alle zintuigen te leren kennen. Door te voelen, te proeven, te luisteren, en vooral door te bewegen maakt een peuter zich de wereld eigen. Het is belangrijk dat de peuter een breed scala aan ervaringen met zijn hele lijf opdoet. Schiet het kind te snel door naar de volgende fase, waarin het meer op het begrijpen aankomt, dan komt de opbouw van een gezond lijf in het gedrang, en dat is een gemiste kans.

De kunst is om bij de opvoeding het gezonde midden te vinden tussen te veel stimuleren en te weinig uitdaging geven. In het algemeen neigen we in onze tijd naar het versnellen van de ontwikkeling, waarbij vooral de intellectuele vermogens gestimuleerd worden. Dat betekent een verarming van de peuter- en kleutertijd van het kind, want per slot van rekening heb je in het leven meer vaardigheden nodig dan alleen intellectuele.

Een peuter heeft bescherming nodig

Bij een peuter gaan alle indrukken veel dieper naar binnen dan bij volwassenen. Een peuter is onbevangen en heeft nog niet de buffer van het begrip opgebouwd, waarmee je als volwassene de dingen die je ziet en die je overkomen kunt plaatsen en begrijpen. Bij een peuter gaat alles zó diep naar binnen, dat het doorwerkt tot in het lichamelijke. Mede vanwege dit gegeven worden door alle deskundigen de eerste drie levensjaren als de meest kwetsbare en meest bepalende in de vorming van een kind beschouwd, zowel voor de latere gezondheid als voor het psychisch welbevinden. In deze jaren is een kind afhankelijk van zijn ouders, die zien wat het nodig heeft en het zo veel mogelijk beschermen tegen ongewenste prikkels en ervaringen.

'Echte' ervaringen

Voor een gezonde peutertijd is het van belang dat een kind de kans krijgt voldoende 'echte' ervaringen op te doen. Onder echte ervaringen verstaan wij die ervaringen waarmee het kind vanuit zijn belevingswereld wat kan, en die positief bijdragen aan een gezonde ontwikkeling.

Allereerst zijn dat alle zintuiglijke ervaringen die het kind via de ogen, de oren, de neus, de mond en de huid opdoet. Echt is de geur van het bos, het gevoel van het koude zand of de ruwe stenen, het afbijten van een appel, het luisteren naar de wind of naar een vogel, of naar iemand die een liedje zingt. Echte ervaringen zijn die van vallen en opstaan; van klimmen en klauteren; van het in evenwicht blijven op een fietsje en een heel hoge blokkentoren bouwen; van met heel veel honger aan tafel gaan zitten als je lekker door het bos hebt gesjouwd; van nat en koud worden als het regent of vriest en dan weer opwarmen bij een lekker warme kachel, of het dikke tranen huilen als niet jij, maar je zusje het mooie prentenboek uit de kast mag halen.

Als we erop uit zijn het kind alleen maar prettige ervaringen te bezorgen, zal dat het ontwikkelen van sociale vermogens in de weg staan. Bovendien bestaat het gevaar dat het kind de intensiteit en de uitdaging van het leven, waar leuk en niet leuk elkaar afwisselen, gaat missen en onbewust steeds méér prettige ervaringen zoekt om dat gemis te compenseren.

Het zal duidelijk zijn dat het onvermijdelijk is dat kinderen naast 'echte' en gezondmakende, ook een heel aantal 'onechte' en ongezondmakende indrukken en ervaringen opdoen. Via de ogen, oren, huid, mond en neus doet het kind veel onnatuurlijke indrukken op. Geuren zijn vaak chemisch, geluiden mechanisch, via de mond krijgt het te maken met synthetische geur-, kleur- en smaakstoffen, met de ogen krijgt het vaak meer te zien dan het aankan, en de huid voelt materialen die soms verre van natuurlijk zijn. Als het lukt om het kind, naast dit soort ervaringen, voldoende 'echte' ervaringen te laten opdoen, dan is daarmee een stevige basis gelegd voor de gezondheid en de verdere ontwikkeling.

Leve de fantasie

Fantasie is een rijke kracht, die bij elk kind tot bloei kan komen dat de ruimte krijgt om echt kind te mogen zijn en naar hartelust te spelen. Als het je als volwassene lukt om iets van die fantasie uit je eigen kindertijd te behouden, dan ben je een rijk mens. Fantasie is dan een kracht die op veel momenten een hulp kan zijn, bijvoorbeeld bij het opvoeden van kinderen. Het maakt dat je creatief kunt zijn in moeilijke situaties en dat je je in zware tijden met weinig geld, spullen of mogelijkheden kunt redden. Het is een kracht die de originaliteit die in ieder mens aanwezig is tot zijn recht laat komen en daarmee kleur kan brengen in het leven. Wij menen dat er in deze tijd veel invloeden zijn die de fantasie, met name in de kindertijd, in negatieve en remmende zin kunnen beïnvloeden, waardoor deze niet volledig tot ontplooiing kan komen.

Opvoeden op je eigen manier

Elk kind is verschillend en geen enkele ouder is hetzelfde. Daarom bestaat er niet één opvoedingsmethode die voor iedereen het beste is, en is er in moeilijke situaties nooit één goede standaardoplossing.

Het gevaar van het volledig afgaan op een opvoedingsmethode of op de mening van anderen is, dat je je eigen gevoel en je eigen beoordelingsvermogen uitschakelt; daarmee doe je je kind en jezelf tekort. Een groot deel van het opvoeden bestaat uit goed naar je kind kijken, en naar hoe het reageert op de dingen die je als opvoeder doet, én goed naar jezelf kijken en luisteren, zodat ook je eigen behoeftes een plek kunnen krijgen. Verder is opvoeden een kwestie van doen, waarbij elke ouder fouten maakt. Want voor de meeste ouders betekent het krijgen van een kind een sprong in het diepe, terwijl je voor je gevoel niet goed weet hoe je moet zwemmen.

Opvoeden is niet een kwestie van vermijden wat verkeerd is, maar doen wat je goeddunkt, ook al ben je daar misschien nog zo onzeker over. Bij opvoeden hoort het spanningsveld van het streven om het goed te doen én het weten dat het onvermijdelijk is dat je fouten maakt. Het is de kunst om niet te hoge eisen aan jezelf als opvoeder te stellen, te leren van de fouten die je maakt, en tegelijkertijd te weten dat je ze zeker weer zult maken. Uiteindelijk moet iedereen het ouder-zijn leren!

Doen en nadoen

Om menselijke vaardigheden te leren heeft een kind het menselijk voorbeeld nodig. Zuigelingen en peuters staan open voor alles wat er in hun omgeving gebeurt en ze doen alles spelenderwijs en vaak ongemerkt na. Daardoor is het voorbeeld dat je als ouder geeft het meest elementaire opvoedingsmiddel in de eerste levensjaren. Daarbij wordt niet alleen wát je doet, maar ook hóe je het doet waargenomen, en hoe meer het lukt om de dingen die je doet met zorg, liefde en plezier te doen, des te positiever werkt het. Dat betekent dat er werk aan de winkel is, want geen enkele ouder heeft die vermogens vanzelf in huis.

Ieder kind heeft een eigen lot

Kinderen uit hetzelfde gezin zijn vaak heel verschillend. Opvoeding en erfelijkheid zijn niet allesbepalend; het kind brengt ook iets 'eigens' mee, dat in de loop van de kindertijd steeds duidelijker zichtbaar wordt. Ieder mens heeft zijn eigen lot waarin aanleg, vermogens of onvermogens, en ziekten een rol zullen spelen. Bij het ene kind kan het stralende, zonnige en makkelijke de boventoon voeren, bij het andere kunnen ziekten, het niet lekker in het vel zitten en lastig-zijn de kleur bepalen. Het ene kind voel je van nature aan, bij het andere kind loop je voortdurend vast en gebeurt het je steeds weer dat je voor je gevoel niet goed reageert. De wetenschap dat dit voor een deel het lot van het kind is, kan rust en acceptatie geven, zeker in periodes dat het moeilijk gaat. Want met liefdevolle zorg en een goede opvoeding kun je niet alle problemen die een kind op zijn weg tegenkomt voorkomen, en omgekeerd hoeft het niet per definitie aan de opvoeding te liggen als een kind het moeilijk heeft.

De ontwikkeling van het kleine kind

De ontwikkeling van het kleine kind voltrekt zich volgens bepaalde wetmatigheden. Omdat ieder kind weer anders is, kunnen de tijdstippen en de volgorde waarin die ontwikkelingsstappen zich afspelen sterk verschillen.
Het sleutelwoord bij de ontwikkeling van het kleine kind is beweging. Door te bewegen leert een kind zichzelf en de wereld kennen. Het leert wat hier en daar, voor en achter, boven en onder is en wat zijn eigen plek in de ruimte is. Het leert begrippen als zwaar en licht, zacht en hard kennen. Door dingen te doen ervaart het kind dat zijn handelingen gevolgen hebben en krijgt het een gevoel voor oorzaak en gevolg.
Al deze ervaringen zullen het kind helpen drie belangrijke menselijke vaardigheden te ontwikkelen: het lopen, het spreken en het denken. Deze vaardigheden maakt het kind zich in de peuter- en kleutertijd eigen. Ze worden voor een deel gelijktijdig, voor een deel na elkaar in bovengenoemde volgorde geleerd.
De mensen in de omgeving van het kleine kind spelen bij dit alles een belangrijke rol. Allereerst door het voorbeeld dat ze geven, of liever gezegd het voorbeeld dat ze zíjn voor het kind. Mede hierdoor leert een kind in het eerste levensjaar omrollen, voorwerpen pakken, kruipen, zitten en staan. Naast het voorbeeld heeft het kind kansen en uitdagingen nodig waardoor het steeds vaardiger kan worden in het bewegen, in het rennen, klimmen, fietsen, gooien en vangen. Als de uitdagingen gevarieerd zijn en alle aspecten van het kind aanspreken, dan zal het de vaardigheden die het in de eerste levensjaren op moet doen grondig leren.

Voor de overzichtelijkheid bespreken we de ontwikkeling in een aantal aparte hoofdstukjes, hoewel in de eerste levensjaren alles met alles samenhangt en je niet precies kunt onderscheiden wat bijvoorbeeld psychisch en wat lichamelijk is. Naast de motorische ontwikkeling en de ontwikkeling van het spreken en denken zullen de sociaal-emotionele ontwikkeling en de wilsontwikkeling besproken worden. Bij de meeste vaardigheden zijn globale leeftijden aangegeven. Als een kind niet aan het gemiddelde voldoet en bijvoorbeeld heel laat leert lopen, kan het zijn dat het kind daar nu eenmaal geen haast mee maakt en dat je het rustig de tijd moet geven, omdat het vanzelf wel komt. Maar het kan ook een teken zijn van een niet zo gezonde ontwikkeling, waarbij tijdig ingrijpen van vitaal belang kan zijn. Vooral daarom ook is het belangrijk dat kinderen regelmatig op het consultatiebureau gezien worden. Behalve dat het goed is om te kijken wat een kind allemaal kan, en je af te vragen of het voldoet aan de statistische norm, is het minstens zo boeiend om te kijken hóe het kind het doet, want ook daarin laat het zijn eigenheid zien. Het ene kind kan in één keer lopen op een wat later tijdstip, het andere kind wil heel vroeg gaan lopen en zal dat met eindeloos vallen en opstaan leren.

De lichamelijke ontwikkeling

De lichamelijke ontwikkeling kun je goed aflezen aan de veranderingen in de gestalte van het kind. Een eenjarige heeft nog een beetje een babygestalte, al kan het kind misschien al staan en lopen. Het hoofd is in vergelijking met de rest van het lijfje nog heel groot: een kwart van de totale lichaamslengte; het kind is als het ware 'topzwaar'. Op deze leeftijd heeft een kind ook nog geen duidelijke hals. Het grote hoofd staat min of meer direct op de romp. Het hele lichaam is rond en zacht, met kussentjes op de handen en plooien bij de polsen. Met anderhalf jaar komt hier verandering in. De verhoudingen gaan langzaam verschuiven omdat het hoofd in verhouding tot de rest van het lichaam veel minder hard groeit.

Met 2½ jaar begint zich de kleutergestalte af te tekenen, die het kind tot ongeveer het vijfde jaar behoudt. Het hoofd vormt nu een vijfde van de lichaamslengte, en er wordt al iets van een nek zichtbaar, waardoor het hoofd wat vrijer komt van de rest van het lichaam. De romp is flink gegroeid, de benen meestal nog niet zo. Opvallend voor deze fase is het grote ronde en zachte borst- en buikgebied, waarin zich nog geen taille aftekent.

In de periode na het vijfde jaar komt het accent van de groei op de benen en de voeten te liggen. Tot die tijd blijft die ontwikkeling wat achter bij de ontwikkeling van hoofd en romp, wat bijvoorbeeld te zien is aan het nog ongevormd blijven van de voeten tot het vierde à vijfde jaar; een kindervoet is tot ongeveer het vijfde jaar van nature plat. Ook de benen hebben nog niet de rechte stand die ze aan het eind van de kleutertijd krijgen, en standsafwijkingen zijn heel normaal. Met anderhalf jaar hebben veel kinderen zogenaamde O-benen, daarna verandert de stand en ontwikkelen veel kinderen rond hun derde jaar X-benen.

Kinderen zijn heel lijfelijk gericht, ze hebben veel behoefte aan lijfelijk contact en willen hun eigen lichaam goed leren kennen. In de opvoeding kun je deze behoefte een plekje geven door het kind goed te verzorgen en lekker te knuffelen, en door het de kans te geven zichzelf van top tot teen te ontdekken, bijvoorbeeld in bad. In het hoofdstuk over de zorg voor een gezonde seksuele ontwikkeling (blz. 65) wordt hier uitvoerig op ingegaan. Verder zal het kind zijn lijf vooral leren kennen door het te gebruiken!

De motorische ontwikkeling

Met het bereiken van de leeftijd van één jaar heeft het kleine kind meestal de eerste mijlpaal in de motorische ontwikkeling bereikt: het kan staan en het kan lopen langs de rand van de box of het meubilair. Een enkel kind kan zelfs al los lopen. Daarna leert het kind zich steeds beter bewegen. Aanvankelijk vinden nog alle bewegingen plaats in voorwaartse richting, maar allengs ontwikkelt het kind een gevoel voor wat zich opzij van hem afspeelt, en uiteindelijk ook een gevoel voor de ruimte achter hem. In deze periode zal het kind ertoe neigen om bewegingen symmetrisch uit te voeren en de rechter- en de linkerhand afwisselend en evenveel te gebruiken wanneer het iets pakt.

Vanaf het derde jaar zal het kind een voorkeur voor rechts of links gaan ontwikkelen, een proces dat 'lateralisatie' wordt genoemd. Het bewegingspatroon wordt dan asymmetrisch, en het kind zal bijvoorbeeld leren om op één been te staan. Deze voorkeur voor het gebruik van rechts of links zal zich niet alleen tot handen en benen beperken, maar ook ogen en oren betreffen. In de meeste gevallen betekent dit dat een kind vanaf drie jaar óf rechtshandig en rechtsbenig, óf linkshandig en linksbenig is, maar er bestaan ook 'mengvormen' van kinderen die bijvoorbeeld rechtshandig zijn en linksbenig. Ook het rechter- of linkeroog en het rechter- of linkeroor zullen dominant worden. Dat uit zich dan bijvoorbeeld in het verschijnsel dat een kind aan de telefoon de hoorn altijd tegen het rechter- (of linker-) oor zal houden.

Ook de fijne motoriek ontwikkelt zich in deze tijd. Rond het eerste jaar uit zich dat vooral in het alles aftasten en bevoelen en in het oppakken van kleine dingen met duim en wijsvinger. Langzamerhand leert een kind blokjes te stapelen, met bestek te eten, zelf uit een beker te drinken en bijvoorbeeld veters en knoopjes los te maken. Tegen het vierde jaar heeft de fijne motoriek zich zo ver ontwikkeld, dat een kind in staat is zichzelf aan te kleden of een treinbaan in elkaar te zetten.

Het bewegen van het kind kun je beschouwen als het leren omgaan met de zwaartekracht. Het kind richt zich op tegen de zwaartekracht in. Om alle bewegingen goed uit te kunnen voeren, moeten de zintuigen goed en gecoördineerd kunnen samenwerken. Bij volwassenen is deze samenwerking zo ver ontwikkeld, dat je er niet meer bij stilstaat dat er bij elke beweging zoveel zintuigen meedoen. Uit je ooghoek een drempel zien en als vanzelf je voet iets hoger optillen om niet te struikelen; lopen terwijl je iets vasthoudt; lopen en tegelijk omkijken; een bal schoppen zonder om te vallen; het zijn allemaal vaardigheden die bij volwassenen vanzelf gaan, maar die een kind al doende moet leren.

Voor de opvoeding betekent bovenstaande dat het van vitaal belang is dat het kind ruimschoots de kans krijgt zich te bewegen. Hoe rijker het aanbod van mogelijkheden, des te handiger en vaardiger het kind met zijn lijf zal kunnen omgaan.

De spraakontwikkeling

De spraakontwikkeling komt tussen het eerste en het tweede jaar meestal goed op gang. Het voorwerk is in het eerste levensjaar gedaan, doordat er met het kind gepraat is en door de liedjes die er gezongen zijn.

Het eerste jaar wordt wel de muzikaal-ritmische periode genoemd, omdat het kind vooral affiniteit heeft met het muzikale, het melodieuze en het ritmische in de taal, en nog niet zo voor de betekenis van de woorden. Na het eerste jaar blijft die affiniteit bestaan, maar daarnaast komt er een meer 'verbale' interesse op gang, waarbij het kind veel woorden leert begrijpen en ook leert gebruiken.

In de vroege zuigelingenperiode beschikken alle kinderen overal ter wereld over een identieke en algemeen geldende brabbeltaal. Daarna ontstaat de aanleg voor de moedertaal en specialiseert het gebrabbel zich. Dan blijven alleen die klanken behouden die de basis vormen van de moedertaal.

De losse woordjes die het kind leert, hebben betrekking op de mensen, de dingen en handelingen uit de directe omgeving, zoals papa, mama, poes, boem, bal, enzovoort. Ze worden in het begin nog sterk verbasterd uitgesproken en vaak alleen door de insiders direct begrepen. Gaandeweg krijgt het kind een grotere woordenschat en kan het met woorden aangeven wat het bedoelt.

Voordat de doorbraak komt dat een kind door praten duidelijk kan maken wat het wil zeggen, kan er een periode zijn dat het dat wel wil, maar nog niet kan. Het kan daar een tijdje ongeduldig en lastig van worden, tot de doorbraak er is, en het willen en kunnen meer met elkaar in overeenstemming zijn.

Na het gebruik van losse woordjes gaat het kind zo rond het tweede jaar in korte zinnetjes praten, en daarmee komt het in een heel ander gebied van de taal terecht. Bij het vormen van zinnen krijg je te maken met taalstructuren, die hun neerslag hebben gevonden in een heleboel grammaticale regels. Een kind zal zich natuurlijk niet direct van die regels bewust zijn, maar door het goede voorbeeld en doordat het zelf gaat experimenteren, krijgt het er wel gevoel voor. Het goed leren beheersen van de moedertaal en het kunnen beschikken over een gevarieerde woordenschat zijn de belangrijkste voorwaarden voor een goed begripsvermogen en een genuanceerd leren denken.

Door goed te luisteren naar welke woorden je kind gebruikt, kun je inzicht krijgen in wat je kind begrijpt van de wereld. Dat kan helpen bij het goed op het kind afstemmen van wat je van hem vraagt en mag verwachten. In het begin ontdekt een kind dat elk ding een naam heeft en gebruikt het alleen nog maar zelfstandige naamwoorden. Daarmee laat het zien dat het leeft met de dingen die je kunt zien, of anders gezegd, die 'zijn'. Bij het gebruik van werkwoorden laat het kind zien dat het ook voor het actieve, het 'wordende' begrip krijgt. Het krijgt een eerste idee van tijd. Als het in een volgende stap ook bijvoeglijke naamwoorden gaat gebruiken zoals mooi, groot, zwaar, enzovoort, laat het kind zien dat het bezig is met de nuances, de kwaliteiten van de dingen. Als het kind rond het derde jaar 'ik' gaat zeggen en langzamerhand ik en jij of mijn en jouw kan onderscheiden, blijkt dat het er weet van heeft dat de ander een zelfstandige persoon is, los van hemzelf. Ten slotte zal het kind meer abstracte begrippen gaan gebruiken, zoals gisteren en morgen, eerst dit en dan dat, en daarmee laat het zien dat het een eerste begrip krijgt voor oorzaak en gevolg.

Bij de opvoeding is het goede voorbeeld in het spreken het belangrijkste. Het kind pikt dat voorbeeld het makkelijkste op als je bij de dingen die je doet hardop praat en op die manier voor het kind verwoordt wat het ziet en beleeft. 'Zo, nu eerst de sok aan, en nu je broek...' Door dit vaak, goed en met plezier te doen, help je het kind om een woord dat het wil leren goed uit te spreken. Tegen het kind praten in verbasterde, kinderlijke zinnetjes werkt eerder averechts.

Als het kind woorden niet goed uitspreekt of zinnen niet goed vormt, dan kun je het helpen door het zelf nog eens op de juiste manier uit te spreken, zonder veel nadruk. Een kind komt het makkelijkst tot praten in een omgeving waarin het zich veilig voelt, en het is gevoelig voor de reactie van de volwassenen op zijn spreekpogingen. Wanneer een kind door omstandigheden tweetalig opgevoed wordt, is het voor het kind het makkelijkst om één taal per ouder te gebruiken en bijvoorbeeld Nederlands te spreken als iedereen bij elkaar is.

Zoals al eerder is besproken, heeft een peuter een sterk gevoel voor het muzikale in de taal, en pikt het vooral de intonatie op waarmee iets gezegd wordt. In versjes en rijmpjes leggen de meeste mensen als vanzelf meer intonatie dan in de gewone spreektaal – ook daarom zijn ze zo geliefd.

Verder zal het kind zich beter kunnen uiten en in gesprek komen met anderen als het ervaren heeft dat er echt naar hem geluisterd wordt – ook als het over zijn woorden struikelt en er niet goed uitkomt. Vaak weet je door de gebaren die het kind maakt allang wat het wil gaan zeggen en is het de kunst om dan toch geduldig te wachten tot het zelf uit zijn woorden gekomen is. Daarnaast is rustig luisteren naar wat de ander te vertellen heeft ook een kunst die in de kindertijd geleerd moet worden. Voortdurende achtergrondgeluiden van radio, cd-speler of tv kunnen dit proces verstoren, omdat het kind van jongs af aan leert zich van die geluiden niets aan te trekken en er doorheen te praten. Bovendien werkt voortdurende achtergrondmuziek het in de hand dat een kind te hard gaat praten.

De ontwikkeling van het denken

De eerste stappen die een kind zet op weg naar het denken zijn die van het waarnemen en het herkennen. Op het moment dat een kind één jaar wordt is er wat dat betreft dus al een heleboel gebeurd.

Je zou kunnen zeggen dat er door het waarnemen een stukje buitenwereld een plaats krijgt in de binnenwereld van het kind. Zo vergaart een kind van kleins af aan met al zijn zintuigen heel veel waarnemingen uit de buitenwereld, die het in zich opneemt en die tot innerlijke beelden worden.

Het kleine kind zou alle waarnemingen voortdurend als volslagen nieuw en onbekend ervaren als er geen herkenningsvermogen zou ontstaan. De rammelaar, het bordje met eten, de hond die het voor de derde, vierde of vijfde keer waarneemt worden langzaamaan herkend, wat een eerste vorm van herinneren is. Aanvankelijk staan die waarnemingen nog los van elkaar, maar hoe meer een kind herkent, des te meer passen de levensgebeurtenissen in een groter beeld. Zo leert het kind gaandeweg de samenhang van de dingen 'begrijpen'. De slaapkamerdeur gaat open, vader of moeder komt binnen en de gulle lach van de baby maakt duidelijk dat hij begrijpt wat er gaat gebeuren. Een volgende stap is dat het kind de armpjes uitsteekt, waarmee het ook daadwerkelijk laat zien wat het denkt dat er zal gaan gebeuren. Deze vorm van de dingen begrijpen is een eerste begin van een combinerend vermogen, en een eerste begin van denken.

Bij de peuter en de kleuter vind je al hogere ontwikkelingsstadia van het denken. Een peuter gaat zelf op onderzoek uit en doet ontdekkingen. Hij gaat steeds vlotter samenhangen doorzien en het herkenningsvermogen verfijnt zich. Het denken dat het kind op deze manier ontwikkelt, blijft tot het vierde à vijfde jaar gebonden aan de zichtbare werkelijkheid van het kind en zijn leefwereld. Daarna ontstaat het vermogen tot het zelfstandig ontwikkelen van gedachten, zonder dat het op dat moment ook iets concreet ziet.

Naast de waarnemingen via de zintuigen is de taal een belangrijke pijler waarop het denken zich ontwikkelt. Want ook door het benoemen van de dingen om hem heen komt de ontwikkeling van het denken van het kind op gang.

Je zou kunnen zeggen dat je bij het denken de begrippen ten opzichte van elkaar beweegt. Eerst leert het kind wie 'papa' is, dan leert het wat het 'bad' is. Daarna leert het 'papa' en 'bad' ten opzichte van elkaar een plaats te geven. Dan kan het kind de zin 'papa bad' maken. Het kind leert beweeglijk om te gaan met de geleerde woorden en begrippen, en leert zo begrijpen en denken. Het woord 'gedachtengang' geeft precies weer wat hier bedoeld wordt. Met het denken beweeg je je in de wereld van de ideeën, en al denkende leg je een weg af. Bij kleine kinderen is die weg, als ze hardop denken, soms stap voor stap te volgen.

De binnenwereld van een peuter wordt behalve door de praktische werkelijkheid, die via de zintuigen tot innerlijke ervaring is geworden, ook gekleurd door het magische bewustzijn dat bij deze leeftijd hoort. Dit is een bewustzijn dat in beelden leeft, waar realiteit en verbeelding hand in hand gaan: Sinterklaas rijdt op het dak en Zwarte Piet kruipt door de schoorsteen. Ook heksen, reuzen, kabouters en engelen bevolken de magische wereld van het kind en zijn realiteiten voor hem. Het is een wereld waar je als volwassene soms maar een glimp van opvangt, en waar je je maar moeilijk echt een beeld van kunt vormen. Ergens in de kindertijd houdt die magische wereld op te bestaan. Bij sommige kinderen gaat dat heel geleidelijk en merk je er weinig van, bij andere kinderen kan er abrupt een eind aan komen.

Bij het herkennen en leren zien van samenhangen kunnen ritme en voorspelbaarheid in de dagelijkse gebeurtenissen een grote hulp voor het kind zijn. Hoe meer zorg en aandacht daarvoor is, des te meer houvast en innerlijke zekerheid het kind krijgt.

Daarnaast zal het besef en het respecteren van het magische bewustzijn van het kind helpen om er goed mee om te kunnen gaan. Door kabouters, reuzen, engelen, Sinterklaas, Zwarte Piet, enzovoort in de peutertijd een plek te geven, sluit je aan bij de kinderwereld van dat moment, waardoor het kind zich begrepen en gezien voelt.

De sociaal-emotionele ontwikkeling

Aan de basis van de sociaal-emotionele ontwikkeling staat het gevoel. De belangrijkste eigenschap van het gevoelsleven is, dat het pendelt tussen uitersten: prettig-vervelend, vrolijk-verdrietig, mooi-lelijk. Alle gevoelens liggen ergens op de schaal tussen deze extremen en zijn gekoppeld aan de elementaire ervaringen van lust en onlust. Bij kleine kinderen draait het nog vooral om welbehagen of onbehagen, al naar gelang het kind zich lekker in zijn lijf voelt. In de loop van de peuter- en kleutertijd worden deze gevoelens iets minder afhankelijk van het eigen lijf en komen in wisselwerking met de omgeving te staan. Dan ontwikkelen zich gevoelens die met sympathie en antipathie te maken hebben.

Bij het kijken naar de sociaal-emotionele ontwikkeling tussen één en vier jaar valt een soort keerpunt waar te nemen in de periode dat het kind 'ik' gaat zeggen, met 2½ à 3 jaar.

Een peuter voelt zich in de periode voordat het 'ik' gaat zeggen één met de wereld, en vanuit dat gevoel zegt het primair 'ja' tegen alles wat er op hem afkomt. Met enthousiasme gaat het op de wereld af om alles te leren kennen. Wel is het zo dat dit 'ja-gevoel' en dat enthousiasme nog heel makkelijk kunnen omslaan in een 'nee-gevoel' of in verdriet; zo gaat dat nu eenmaal met gevoelens, zeker bij kleine kinderen. Het is de fase van 'Jantje huilt, Jantje lacht'. Om huilende Jantje weer aan het lachen te krijgen is wat humor en afleiding meestal al voldoende.

Wat verder bij deze periode hoort, is dat het kind nog op zichzelf gericht is, en nog niet sociaal. Het kan nog niet echt met anderen meeleven, omdat het nog niet weet dat anderen ook gevoelens hebben. Bovendien is het nog volop bezig met zichzelf te beleven en is het ontwikkelen van sociale vaardigheden nog niet aan de orde.

Een belangrijke stap op de weg naar zelfkennis is het moment dat een kind 'ik' gaat zeggen. Op dat moment laat het zien dat het zich een heel andere verhouding tot de wereld en de mensen om zich heen veroverd heeft. Het kind voelt zich niet langer versmolten met zijn omgeving; het voelt zich nu als 'ik' tegenover de wereld en de mensen staan. Dat is een totaal nieuw gevoel. Door 'nee' te zeggen roept het kind dit gevoel telkens weer op, net zolang totdat dit gevoel ook los van het 'nee-zeggen' kan bestaan. Daarmee is dan ook een einde gekomen aan de zogenaamde 'koppigheidsfase'.

In de periode die nu aanbreekt, meestal vanaf het derde jaar, komen 'ja' en 'nee' meer in evenwicht. Kinderen worden dan coöperatiever, krijgen gevoel voor regels en doen vaak hun best voor anderen. Tegen de kleuterschoolleeftijd kun je zeggen dat het kind zichzelf als individu tussen andere mensen is gaan beleven. Het kan zich sociaal opstellen, het krijgt de behoefte om met andere kinderen te spelen en kan dit ook.

Wat alle kinderen als sterke, en vaak sociaal werkende kracht in zich hebben, is dat ze de wereld om zich heen 'heel' willen hebben. Als iets kapot is gegaan moet het weer worden gemaakt, als er iemand van het gezin aan tafel ontbreekt moet die erbij en als er ruzie gemaakt wordt of iemand zichtbaar verdriet heeft, dan wil het kind dat het weer goed wordt. Vooral in de nee-fase lijkt deze kracht wel eens ondergesneeuwd te worden door een tegenovergestelde kracht die ook alle kinderen in zich hebben, namelijk die van het onderzoeken en stuk maken, van het experimenteren en over grenzen heen gaan. Juist in die fase is het de kunst ook de andere kant van het kind te blijven zien en te verzorgen.

Als je een gezinscultuur weet op te bouwen waarin luisteren naar elkaar, respect en oprechte waardering voor elkaar een plek hebben, en waarin met zorg omgegaan wordt met alle dingen in en om het huis, dan wordt die eerder genoemde sociale kracht van het kind op een vanzelfsprekende manier gevoed.

Zowel voor het opbouwen van een gezond gevoelsleven als voor het ontwikkelen van sociale vermogens is het verder van belang dat het kind leert omgaan met de problemen, weerstanden en frustraties die het gewone, dagelijkse leven biedt. Dat zijn, om er een paar te noemen: het leren wachten en delen, het leren omgaan met jaloezie en met dingen die niet lukken. Hierop wordt elders in dit boek verder ingegaan (zie blz. 45 e.v.).

Angst

Een gevoel waar alle kinderen mee te maken krijgen is angst. Rond het eerste levensjaar treedt dit voor het eerst op bij de eenkennigheid en de zogenaamde scheidingsangst. De mate waarin deze angsten optreden is per kind verschillend. Het is een teken dat er een bewustzijnsverandering plaatsvindt. De niet-opvoeder wordt herkend als vreemde en wordt afgewezen. De behoefte aan geborgenheid temidden van het vertrouwde blijkt op dat moment heel belangrijk. Er wordt dan tevens iets zichtbaar van de enorme band die ontstaat tussen het kind en degene die voor hem zorgt. Naarmate het kind zich beter kan hechten, zal het zich later meer geborgen weten en zullen andere angsten, waar bijna alle kinderen mee te maken krijgen, meestal geen extreme vormen aannemen.

Het ontstaan van angst wordt ook beïnvloed door de ontwikkeling van de fantasie. Met ongeveer drie jaar ontstaat een eerste uiting van de fantasie: een krant kan dan opeens een tent worden als je er met je hoofd onder kruipt. Naast de fantasie komt ook het herinneringsvermogen op gang. Deze combinatie kan ervoor zorgen dat voorvallen van overdag, 's nachts groteske vormen kunnen aannemen die angst oproepen. Verder in dit boek is hier meer over te lezen (zie blz. 116).

Ten slotte kan een kind angstig worden als het te weinig grenzen krijgt en in meer of mindere mate de regie in huis kan overnemen. Het gaat vaak om kinderen die grenzen niet lijken te accepteren, die slecht luisteren, die stoer doen, maar die, zoals ouders vaak beschrijven, o zo kwetsbaar en bang kunnen zijn.

Hoe kan de opvoeding positief bijdragen aan de sociaal-emotionele ontwikkeling van het kind?
Met het verzorgen van het 'warme nest' leg je de belangrijkste basis. Hierdoor kan het kind zich veilig voelen, zal het op onderzoek durven uitgaan, en zelfvertrouwen kunnen opbouwen bij het omgaan met weerstanden.

Ook het voorbeeld dat je zelf geeft is heel belangrijk. Het kind reageert sterk op de stemming in de omgeving. Kun je zelf 'ja' zeggen tegen de dingen die je doet, en beleef je er plezier aan, dan versterkt dat het ja-gevoel bij het kind. Wat daarbij een hulp kan zijn, is de woonomgeving zó in te richten dat het kind zijn gang kan gaan, en dus niet steeds 'nee' hoeft te horen.

Ook bij het leren omgaan met weerstanden en frustraties heeft een kind het goede voorbeeld van de ouders nodig. Wanneer je in alle rust met een moeilijke situatie weet om te gaan, werkt dit anders dan wanneer je bij het minste of geringste uit je slof schiet of juist alle problemen wegwuift omdat je er geen zin in hebt. Met eerlijkheid ten opzichte van jezelf en de situatie vaar je in dit opzicht de beste koers. Als het je lukt om problemen en frustraties om te vormen tot iets zinnigs, dan draagt dat bij aan een rijk en genuanceerd gevoelsleven van het kind. Dat kan de basis vormen voor het kunnen verwerken van wat er in het leven op hem afkomt, want het gevoel speelt daarbij altijd weer een cruciale rol.

Naast de zorg voor het warme nest en het geven van het goede voorbeeld is goed luisteren en kijken van belang om te weten wat er in je kind omgaat en waar het bijvoorbeeld bang voor is. Dan kun je voor het kind verwoorden wat er aan de hand is, en dat is vaak al de eerste stap bij het vinden van het goede antwoord op problemen of angsten van het kind.

Ten slotte zal een duidelijke leiding het kind helpen bij het ontwikkelen van sociale vaardigheden. Een te strenge aanpak zorgt ervoor dat een kind zich te veel aanpast en te volgzaam wordt omdat het de liefde van de omgeving niet wil verspelen. Daarbij is de kans groot dat de gezonde eigenliefde juist wel verspeeld wordt.

Te weinig leiding werkt evenmin goed, omdat het kind eraan gewend raakt helemaal zijn eigen zin te doen, daar angstig van kan worden en niet leert om leiding te aanvaarden.

Als tussen deze twee extremen een midden gevonden kan worden, dan zal het kind in staat zijn de uiterlijke sociale regels te volgen en kan het geweten zich ontwikkelen op grond van een eigen verantwoordelijkheidsgevoel. Zoals een goede band met je kind in de peuterjaren van belang is om op een gezonde manier leiding te kunnen geven, zo is die band ook voor de periode erna van het grootste belang. Om sociaal te kunnen zijn zal het kind moeten leren om te doen wat hem gevraagd wordt en als hem dat niet zint, zal het zich moeten leren beheersen. Bij ouders waar je als kind een goede band mee hebt zul je eerder geneigd zijn te gehoorzamen en je te beheersen, dan wanneer die band schade heeft geleden. Als de band goed is, zal het kind zich ook durven afzetten en dit geeft hem de kans om zichzelf goed te leren kennen.

De wilsontwikkeling

Het wilsleven van een kind kom je voortdurend tegen, omdat de wil altijd naar buiten toe gericht is, op het doen. Dit in tegenstelling tot het al eerder beschreven denken, dat zich juist in het innerlijk van het kind afspeelt.

Tot het vierde levensjaar wordt de wil vooral driftmatig bepaald en is het kind nog niet zo ver dat het die wil in de hand heeft of zelf kan sturen. Het is vooral het voorbeeld dat het kind uit de omgeving krijgt dat op deze leeftijd orde aanbrengt in het doen en laten van het kind.

Eén van de meest imponerende driftmatige wilsperioden is wel de koppigheidsfase. In deze periode toont het kind een 'eigen willetje'. Bij nadere beschouwing blijkt het kind echter totaal slachtoffer van die 'eigen wil' en bestaat de koppigheid vooral uit verzet, waardoor een kind compleet kan blokkeren. Van een enigszins vrije, menselijke wil is in de verste verte nog geen sprake!

Omdat een peuter nog niet over die vrije wil kan beschikken, zal datgene wat je als volwassene van het kind wilt en op een dwingende manier aan hem duidelijk maakt, problemen veroorzaken, omdat het kind er geen antwoord op heeft en zich afsluit. Het lijkt op zo'n moment op onwil of doofheid, maar het is vooral een reactie van onvermogen op een te dwingende vraag uit de omgeving. Dit soort situaties zullen zich minder voordoen wanneer de wereld om hem heen zo is ingericht dat het kind er met plezier in kan meegaan, en als in de opvoeding het accent ligt op wat er wél mag. Sleutelwoorden daarbij zijn goede gewoonten en duidelijke grenzen. Tijdens de koppigheidsfase is het een kunst apart om hier goed mee om te gaan, en het zal in dit boek dan ook nog uitgebreid aan de orde komen (zie blz. 36 e.v.).

In het verlengde van het voorgaande ligt het probleem dat ontstaat als je aan een peuter vraagt wat hij wil en hem bijvoorbeeld een keuze laat maken uit een aantal soorten beleg voor de boterham. Dat is voor hem nog niet of nauwelijks te overzien, en hij wil dus alles. Dit soort situaties kunnen in touwtrekkerij en strijd uitmonden. Je kunt nog geen beroep doen op de besluitvaardigheid van een peuter omdat je dan iets vraagt wat hij nog niet kan. Bovendien kost het hem kracht en vitaliteit. In een fase waarin het er vooral om gaat dat een kind een gezond lichaam opbouwt, kun je dat dus beter niet doen.

Een leidraad is om, voordat je het kind een vraag stelt, jezelf af te vragen of je wel wil dat je kind kiest. Als er alleen een 'ja' mogelijk is, stel dan geen vraag. We zijn geneigd om het kind te vragen 'Ga je mee?' Maar eigenlijk bedoelen we 'Ik wil dat je meekomt.' Na een vraag komt er bij een peuter veel vaker een nee dan een ja! Thomas Gordon heeft hier een mooi boek over geschreven, *Luisteren naar kinderen*.

Dit betekent dat je heel vaak besluiten zult moeten nemen op basis van wat jij goed vindt voor je kind. Dat is niet makkelijk, en voor veel ouders zeker niet vanzelfsprekend, omdat met je kind overleggen en het keuzevrijheid geven prettiger aanvoelt dan je kind beperken en zelf de leiding nemen. Je moet daarvoor kunnen waarnemen wat het beste is voor je kind, en daar ben je vaak helemaal niet zo zeker van. Verder moet je je autoriteit durven gebruiken vanuit de overtuiging dat je met de leiding die je geeft het kind veiligheid biedt en zekerheid.

De kunst van het opvoeden

De nabootsing speelt een grote rol bij het opvoeden van een peuter. Doordat een peuter zo open is en zo'n sterke drang tot nabootsen heeft, zou het goede voorbeeld dat je geeft in principe voldoende moeten zijn om een goede opvoeder te zijn.

Toch zijn er veel situaties waar het kind juist níet nabootst en waar deze openheid níet aanwezig is. Een peuter die moet leren tandenpoetsen en dat niet wil, zal dat ook met het voorbeeld van een volwassene die tanden poetst vaak nog niet willen. En als je je doel wilt bereiken door krachtig ingrijpen en door boos te worden, lukt het al helemaal niet. Je voelt je machteloos als een peuter niet wil eten, slapen, zindelijk worden, enzovoort.

Hoe leer je dan een kind iets als het goede voorbeeld niet lijkt te werken en strengheid ook niets oplevert? Wij willen op deze vraag ingaan door een aantal elementen uit de opvoeding te bespreken die met name voor het omgaan met peuters van belang zijn.

Aandacht

Kinderen hebben veel aandacht nodig, op allerlei manieren.

Allereerst omdat je peuters om veiligheidsredenen bijna geen moment alleen kunt laten. Voor een driejarige peuter, die vaak al een klein beetje oog heeft voor gevaar, is de directe nabijheid van de ouders misschien wat minder nodig dan voor een eenjarige, maar je moet dan wel een paar goede 'voelsprieten' ontwikkelen. Het is dit gevoelsmatige lijntje naar je kind toe dat je zegt: 'Nu moet ik gaan kijken'. Vaak klopt het onrustige gevoel dat opeens opkomt. Op dat moment wordt er misschien net stilletjes een koektrommel leeggesmikkeld, of wordt de badkamer met tandpasta beschilderd in navolging van papa, die de dag ervoor de schuur gewit heeft. Hoe beter de voelsprieten van de ouders ontwikkeld zijn, des te meer ruimte een kind kan krijgen om de wereld te ontdekken en naar hartelust te scharrelen en te spelen.

Naast de aandacht voor de veiligheid wil het kind ook echt gezíen worden. Het heeft de oprechte interesse en aandacht van de ouders nodig zonder dat het daar steeds om moet vragen. Het kind vaart er wel bij als

die aandacht in het dagelijkse doen en laten van de ouders een plek heeft. Het is belangrijk dat het die aandacht ook kan voelen in de manier waarop bijvoorbeeld de luier verschoond wordt, in een knuffelpartij en in een aai over de bol.

Het probleem voor ouders is, dat er binnen een huisgezin zo véél dingen zijn die om aandacht vragen. Het is een hele kunst om tegelijkertijd je aandacht te verdelen en overal met je gedachten bij te zijn. Dat is een leerschool, en als je dat nog niet zo makkelijk afgaat, dan is het vaak de peuter die bepaalt waar die aandacht naartoe getrokken wordt, namelijk naar hem- of haarzelf!

Haast en aandacht gaan slecht samen. De wereld van de volwassenen is meestal zo ingericht dat we, bewust of onbewust, doelen voor ogen hebben, en dat de weg naar dat doel van ondergeschikt belang is en vaak in haast wordt afgelegd.

Een peuter zit nog totaal anders in elkaar. Een voorbeeld: ik wil samen met mijn kind boodschappen gaan doen en daarvoor trekken we eerst de jassen aan. Voor ons is dat jas aandoen een bijzaak waar we amper bij stilstaan. Voor een peuter is het op dat moment het belangrijkste wat er is. Of dat één minuut of vijf minuten duurt, is voor hem niet van belang. Realiteit voor hem is dat hij zélf die jas aan wil doen, en daar met al zijn aandacht bij is.

Het kind aandacht geven en tegelijkertijd het huishouden doen zijn twee zaken die goed samen kunnen gaan. Veel ouders zijn geneigd het huishouden maar snel even tussendoor te doen, omdat het kind anders aandacht tekort zou komen. Maar voor een kind valt er juist in het huishouden een heleboel te ontdekken en na te doen. Het is heerlijk voor een kind als er tijdens de dag veel momenten zijn waarop het mee mag doen met de dingen die er in huis moeten gebeuren. Maar omdat je nu eenmaal niet álles met een peuter samen kunt doen, is het raadzaam om het samen doen af te wisselen met momenten van ieder voor zichzelf bezig zijn.

Zeker voor een peuter die gewend is heel veel aandacht te vragen en te krijgen, zal het in het begin maar om korte momenten gaan; groter kan de spanningsboog nog niet zijn. Markeer de overgangen van samen iets doen naar alleen spelen door bijvoorbeeld te zeggen: 'De keuken moet nu eerst gedweild. Daarna gaan we samen naar de eendjes. Ga maar even zelf spelen tot ik klaar ben'.

Een kind dat niet gewend is alleen te spelen, zal steeds komen kijken of de vloer al gedaan is, of zal bij de voordeur gaan staan drammen. Hoe beter het lukt om in rust vast te houden aan de afspraak, des te eerder zal het kind leren zelf te gaan spelen. Maar bij die afspraak hoort dan uiteraard wel de beloofde gang naar de eendjes, ook als toevallig net de telefoon gaat.

Wat bijna geen enkele peuter verdraagt is een voortdurend lezende, studerende, tv-kijkende of telefonerende vader of moeder, omdat de aandacht naar dingen gaat waar het kind buiten staat. Dat is bijvoorbeeld niet het geval met breien, strijken, klussen of tuinieren, want dat zijn dingen waar je het kind bij kunt betrekken. Als je niet van dat soort dingen houdt, maar wel van lezen of studeren, dan kan dat heel frustrerend zijn. Misschien kan dan een speelafspraak bij een ander gezin, of een oppas ruimte geven om aan je eigen behoeftes toe te komen.

Als het niet lukt om voldoende aandacht voor je peuter op te brengen, kan er een negatieve spiraal ontstaan. Je kind zal net zo lang aan je jas trekken tot je er echt bij bent, met je aandacht zíchtbaar bent, en het kind zich gezien weet. Als het kind geen, of alleen negatieve reacties heeft gekregen op zijn vraag om naar zijn nieuwe kunsten te komen kijken, of om zijn mooie bouwwerk te bewonderen, dan zal het zijn wensen op andere manieren kenbaar maken, bijvoorbeeld door te gaan gillen, of door iets kapot te maken; de meeste peuters hebben een heel scala van dit soort gedragingen in huis. Vooral als je moe bent, of in beslag genomen wordt door problemen, kan het gemakkelijk gebeuren dat je eigenlijk alleen op dit soort negatief gedrag reageert, omdat dát immers vanzelf de aandacht trekt. Dat roept opnieuw negatief gedrag van het kind op en dat kost je nóg meer energie: de cirkel is gesloten. Dit overkomt veel ouders telkens weer, in het klein of in het groot, omdat je aan het dagelijks omgaan met peuters je handen vol en meer dan vol kunt hebben.

Het kan ook zijn dat de stemming zich verhardt, doordat je niets beters weet dan het kind te gaan straffen. In het gedeelte over straffen en belonen wordt hier verder op ingegaan.

Er zijn een paar hulpmiddelen om uit zo'n negatieve spiraal te komen:
- Kijk 's avonds even terug op de dag. Vaak vallen de negatieve dingen als eerste op. Probeer in je herinnering minstens evenveel positieve momenten terug te halen.
- Prijs je kind wat vaker dan je gewoonlijk zou doen, als je ziet dat hij iets goeds gedaan heeft.
- Bouw in de dag een paar momenten in van samen iets doen, en maak daar een vaste gewoonte van. Bekijk samen een boekje, zing een liedje, geef de vogels buiten de broodkruimels van het ontbijt, of doe iets anders waar het kind plezier aan beleeft. Keren deze momenten dagelijks terug, dan gaat het kind erop vertrouwen dat ze, ook zonder zeuren, komen.

Ritme, gewoontevorming en rituelen

In elk gezin komen door de dag heen wel een aantal vaste punten voor, zoals opstaan, aankleden en eten. Hoe voorspelbaarder het dagverloop voor een peuter is, des te meer houvast en veiligheid hem geboden wordt. Door de steeds terugkerende zaken als eten, slapen en gewoonten in het huishouden, kan de peuter langzamerhand begrip krijgen voor tijd, voor dingen die samenhangen. Anders gezegd: het kind kan het leven leren kennen en begrijpen. Hoe gezelliger en uitnodigender de omgeving is, des te vanzelfsprekender zal de peuter zich voegen naar de gewoonten in het gezin.

Voor een kind is het prettig als het dagverloop geen keurslijf is, maar 'ademt'. Beweging en rust, alleen en samen, in huis en buiten, eten en niet eten zouden elkaar ritmisch moeten afwisselen. Maar ook: rommel (mogen) maken en weer (samen) opruimen, vies (mogen) worden en weer lekker schoonwassen.

Gewoonten moeten regelmatig worden herzien, opdat ze aansluiten bij de leeftijd van het kind. Een paar voorbeelden.

Het is vanzelfsprekend dat je een eenjarige aan- en uitkleedt. Maar een driejarige mag je best aansporen dat zelf te proberen. Een eenjarige heeft vaak een flink bord vol eten nodig, terwijl een tweejarige met veel minder toe kan, en je dus ook veel minder moet opscheppen. Bij kleine kinderen neemt het verzorgen nog een groot deel van de dag in beslag; bij grotere en al wat meer zelfstandige peuters wordt dat minder. Dan heb je ook andere vaardigheden nodig dan het goed verzorgen. Het kunnen loslaten wordt belangrijk, zodat het kind er zelf op uit kan gaan en zelf ontdekkingen kan doen. Het kind goed waarnemen en met aandacht erbij blijven is de beste hulp om te weten te komen wat er nodig is, en welke gewoonten veranderd moeten worden.

Gewoonten en regels verwateren nogal eens tijdens ziekten en ingrijpende gebeurtenissen, of door overbelasting van één van de ouders. Zo heeft een ziek kind 's nachts vaak iemand nodig. Het wil bij de ouders in bed, of iets drinken omdat het dorst heeft door de koorts, enzovoort. Tijdens de ziekteperiode is het volkomen terecht om hier op in te gaan. Het kind is misschien angstig en de ouders wellicht ook omdat het kind hoest of hoge koorts heeft. Het is lastig om te bepalen wanneer het kind echt niet meer ziek is en de oude gewoonten weer in ere hersteld moeten worden. Meestal zit er tussen ziek en gezond een mistig gebied waaruit soms hardnekkige slechte gewoonten voortkomen, bijvoorbeeld 's nachts om drinken blijven vragen, of bij de ouders in bed willen slapen (zie ook blz. 148).

Rituelen kunnen, als vaste gewoonten, een bijzondere plek in het gezin innemen. De huidige samenleving is arm aan rituelen, zeker nu de kerk niet meer een centrale plaats inneemt. In de kerk spelen rituelen een belangrijke rol; ze staan ten dienste van de religieuze beleving van mensen. In het gezin kunnen rituelen ook deze werking hebben. Ze kunnen een stemming van rust en aandacht creëren, bijvoorbeeld bij het begin van de maaltijd of bij het naar bed gaan. Het gewone leven staat even stil, en daarna kun je met aandacht eten, of rustig de dag loslaten en gaan slapen. Kinderen zijn gesteld op rituelen, zij houden van de herhaling en het beeldende karakter ervan.

Hoe een ritueel eruit ziet kan verschillen; de ene ouder kiest misschien voor een spreuk of een gebed aan het begin van de maaltijd, de andere voor het aansteken van een kaars of een moment van stilte. Het gaat in zekere zin minder om wát je doet, als wel om hóe je het doet, met hoeveel trouw en met hoeveel aandacht je erbij bent. Dat is des te makkelijker op te brengen als de gezinsrituelen eenvoudig en kort zijn.

Zowel gewoonten als rituelen zijn gezinsgebonden. Ze komen vaak voort uit wat je zelf meeneemt van vroeger, van voorbeelden uit de omgeving, uit opvattingen over opvoeden, en uit de directe mogelijkheden en onmogelijkheden binnen het gezin. Nieuwe gewoonten kunnen ontstaan na het lezen van een boek, of na het praten met 'collega-ouders'. Uiteindelijk is het zo dat nieuwe gewoonten pas echt goed doorwerken als ze niet alleen in je hoofd zitten, maar wanneer ze deel zijn gaan uitmaken van je vanzelfsprekende doen en laten.

Regels en grenzen

Ritme en gewoonten werken vooral in het gebied van het onbewuste. Regels en grenzen worden meer bewust gehanteerd en kunnen bij het kind ook meer bewustzijn oproepen. Regels en grenzen zijn er allereerst voor de veiligheid, en zorgen er verder voor dat ouders en kinderen goed met elkaar kunnen samenleven in een huis. Als ze voor iedereen duidelijk zijn en consequent gehanteerd worden, geven ze houvast en scheppen orde. Dat is ook veilig voor een kind, maar dan meer in overdrachtelijke zin. Regels zijn er dus altijd ten dienste van iets, nooit als doel op zich.

Bij het opstellen van regels en grenzen zijn een aantal dingen van belang:
– Als je grenzen stelt omdat iets niet mag, is het ook goed om te laten zien wat er wél mag. Dat hoeft natuurlijk niet altijd in woorden uitgelegd te worden; een vanzelfsprekend 'dat is voor jou' is overtuigend

genoeg. Als het kind bijvoorbeeld niet alle boeken uit de boekenkast mag trekken, richt dan een speciaal plankje voor hem in, waar zijn eigen boekjes mogen staan. Of als het kind wil helpen met afruimen, geef het dan iets te dragen dat niet breekbaar is. Probeer in ieder geval het huis zo in te richten, dat er ook veel kan en mag.

- Wat je doet, hoe je erbij kijkt en wat je er eventueel bij zegt, moet bij het stellen van grenzen met elkaar in overeenstemming zijn. Het is verwarrend voor een kind wanneer je het toespreekt met strenge woorden, maar er ondertussen bij lacht omdat zo'n stout peutertje toch wel erg schattig is.
- Je kunt van een peuter niet verwachten dat hij de grenzen die je vandaag stelt morgen nog weet en er ook naar handelt. Ook na tien of twintig keer weghalen zullen de boeken in de kast blijven lokken, omdat die zo spannend zijn. Na vele keren ingrijpen zal het kind wel gaan voelen dat er iets niet mag, maar dat wil niet zeggen dat het dan bestand is tegen de aantrekkingskracht van het verbodene. Dit betekent dat je eindeloos veel geduld zult moeten opbrengen.
- Hoe rustiger je de grenzen stelt, hoe sneller die grens als vanzelfsprekend geaccepteerd zal worden. Stel ze daarom voordat je echt boos wordt.
- Hanteer liever een beperkt aantal regels consequent en helder dan veel onduidelijke regels zo nu en dan. Ga als ouders samen na welke regels je belangrijk vindt, of welke regels je het kind graag wilt leren, en wees daar consequent in. Laat ook aan eventuele oudere kinderen in het gezin of een oppas duidelijk weten welke regels er in huis gelden, en vraag of ze zich daaraan willen houden.

Als je het gevoel hebt dat het je niet goed lukt om duidelijke en consequente grenzen en regels te stellen, kan het een hulp zijn om te kijken waar het je wél lukt. Meestal zijn dat de grenzen en regels die te maken hebben met de directe veiligheid, bijvoorbeeld de regel dat je kind niet aan het fornuis mag komen. Probeer de overtuiging die je op zo'n moment aan de dag legt ook op andere momenten in te zetten.

Per leeftijd zal het verschillen hoe grenzen eruit zien. Voor eenjarigen zijn die grenzen vaak nog heel tastbaar, zoals het ledikantje waar het niet uit kan klimmen, de box, het traphekje en het tuigje in de stoel. Dit soort grenzen passen ook het beste bij het kleine kind, omdat ze voelbaar zijn en nog geen appèl doen op het bewustzijn en het herinneringsvermogen van het kind. Het prettige van tastbare grenzen is dat ze door het kind eerder als gegeven geaccepteerd worden, omdat ze min of meer losstaan van degene die ze aanbiedt. Het eventuele verzet dat die grens oproept, zal daardoor eerder tegen de grens zelf dan tegen de volwassene gericht zijn.

Hoe ouder de peuter wordt, des te meer zullen de tastbare grenzen verdwijnen. De wereld wordt groter, de box verdwijnt, het kind kan uit het ledikantje klimmen. Nu moeten er andere, maar nog wel voelbare grenzen aangeboden worden. Zit het kind bijvoorbeeld steeds aan de cd-speler en is dat niet de bedoeling, dan wordt dat voor het kind voelbaar en beleefbaar, als hij wordt opgepakt en op een plek wordt neergezet waar hij wél zijn gang kan gaan. Opvoeden is in deze fase en in deze context: handelen, dóen! Het is uiteraard prima om dit ingrijpen te begeleiden met woorden, omdat die woorden in de loop van het kinderleven in de plaats zullen kunnen komen van het concrete ingrijpen. Maar in deze fase zijn ze er vooral ter ondersteuning, en niet in plaats van het handelen. Wát je zegt doet er in dit geval niet zo veel toe, want het gaat om de duidelijkheid die je uitstraalt in je handelen: dát wordt door de peuter als een duidelijke grens beleefd. Als je boos of geïrriteerd raakt, blokkeert het kind snel en zal zeker niet openstaan voor wat je wilt.

Rond het derde jaar moet een kind langzamerhand in staat zijn uit zichzelf bepaalde regels en grenzen in huis te kennen, en moet het ook mogelijk zijn om alleen door iets te zeggen het kind te laten gehoorzamen.

Als je het verzorgen van ritme en regels overdreven serieus neemt, kan het gevaar ontstaan dat je in een te straf regime terechtkomt. Probeer ook met humor naar jezelf te kijken en naar de situatie waarin je je bevindt. In veel kinderboeken vind je in karikaturen de uitersten terug waartussen je de goede koers moet zien te vinden. Zo is er bijvoorbeeld de zure juffrouw Helderer uit *Pluk van de Petteflet* van Annie M.G. Schmidt, die altijd maar moet poetsen en van wie niets mag omdat anders het huis weer vies wordt. De dagen verlopen volgens een vast en 'helder' stramien, en alles wat dit in de war dreigt te sturen wordt krampachtig geweerd. Aan de andere kant is daar vader Stamper. Van hem mag bijna alles en daarom weet je van tevoren nooit wat de dag brengen zal. Daar is het leven één groot feest, maar vol onzekerheden en met weinig houvast.

Als je de juffrouw Helderer en de vader Stamper in jezelf weet te ontdekken, dan kun je ook creatiever worden in het omgaan met deze uitersten.

Nee zeggen

Zodra een kind in de zogenaamde koppigheidsfase is beland, en dat is meestal ergens tussen het tweede en het derde jaar, wordt het 'nee' zeggen uiterst actueel, zowel voor het kind als voor de ouders. Het kind gaat 'ik' zeggen, en geeft daarmee blijk van een ontluikend zelfbewustzijn. En dit zelfbewustzijn groeit door tegen de ouders in te gaan. Tegen alles zegt het kind 'nee', in het uiterste geval zelfs tegen die dingen die het zelf graag doet.

Hoewel deze fase ingewikkeld en slopend kan zijn, zou zij toch door elke ouder met enthousiasme begroet moeten worden. Het is een mijlpaal in de ontwikkeling! Bovendien is het een stap die geen enkel kind zou mogen overslaan. Per kind verschilt het wel enorm hoe heftig deze fase doorlopen wordt en hoe lang het kind erover doet. Het extreme nee-zeggen dooft uit als het identiteitsbesef van het kind zo sterk is, dat het de confrontatie met de omgeving niet meer zo nodig heeft.

'Nee' roept vaak 'nee' op; dit gebeurt over en weer tussen ouders en kinderen in deze fase. Toch geldt ook hier dat een mens het meest gestimuleerd wordt door de bevestiging, de aanmoediging, het geprezen worden. Juist op deze leeftijd heeft het kind die steun hard nodig. Als het kind zich bijvoorbeeld verzet tegen het handenwassen voor het eten en knoeit met het water, maar daarna wél goed de handdoek ophangt, dan is het veel leuker dáár wat van te zeggen, dan alleen maar te mopperen op het geknoei met water.

In het algemeen is het een goede zaak om het 'nee' van het kind af te leiden of met humor om te buigen. Ook versjes en liedjes kunnen door hun speelsheid helpen (zie blz. 86 e.v.). In de praktijk blijven er dan nog genoeg confronterende situaties over die heftig verzet en driftbuien oproepen. In dat laatste geval is het kind erbij gebaat een gedecideerd 'halt' of 'nee' te horen van de ouders, waardoor het weet: tot hier en niet verder.

Samenvattend kun je zeggen dat een peuter binnen veilige grenzen en regels heel veel ruimte nodig heeft om zichzelf en de wereld te kunnen ontdekken, maar dat hij niet de ruimte moet krijgen om zélf de regels en grenzen te bepalen. Die grenzen stel je als ouders. Hoe duidelijker ze gesteld worden, des te makkelijker begrijpt het kind wat de bedoeling is. Overtuiging en gedecideerdheid van de ouder werken positief, 'ja maar' of 'eigenlijk' werken onduidelijkheid in de hand. Er wordt veel aan duidelijkheid gewonnen als je de gewoonte aanleert de dingen die moeten gebeuren stéllend in plaats van vragend te zeggen. Veel ouders hebben hier moeite mee, omdat dit zo onaardig zou klinken en je het kind zo weinig ruimte geeft. Maar een vraag die niet als vraag bedoeld is, en waar ook geen 'nee' op mag worden geantwoord, is voor een kind nogal verwarrend. Een vriendelijk maar stellend 'Zo, nu trekken we de jas uit en zetten we de laarsjes op de mat' is eerlijker en maakt voor het kind direct duidelijk wat er van hem verlangd wordt, in tegenstelling tot: 'Wil je je jas uittrekken en je laarsjes op de mat zetten?'

Straffen en belonen

Met een straf laat je het kind voelen dat wat het doet ongewenst en storend is en niet mag. Belonen is een maatregel om gewenst gedrag te bevestigen.

Het doel van beide maatregelen is het kind een besef bij te brengen van wat wél en wat niet kan, dus uiteindelijk van goed en kwaad. Bij kinderen van één tot vier jaar is dat besef nog nauwelijks aanwezig. Een peuter kan nauwelijks overzien wanneer het eigen handelen goed of niet goed is, wat oorzaak en gevolg is, of wat een ander voelt. Een peuter begint net te ontdekken dat sommige dingen met elkaar samenhangen. Als je je kind straft of een beloning geeft, en daarbij verwacht dat hij echt snapt waarom hij die straf of die beloning krijgt, en dus een appèl doet op zijn geweten, dan vraag je iets van hem wat hij nog niet kan. Straffen en beloningen zijn dan ook niet de peilers waarop de opvoeding van een peuter zou moeten berusten, maar middelen waarnaar je spaarzaam grijpt om lastig gedrag te doorbreken en dan kunnen ze ook heel doeltreffend werken. Als er veel en streng wordt gestraft, dan verhardt de sfeer in huis en zal het kind op den duur met angst en onverschilligheid gaan reageren.

Uit wat in dit hoofdstuk verder gezegd is over de kunst van het opvoeden zal duidelijk zijn dat met name een positieve stemming in huis, het goede voorbeeld en liefdevolle, maar consequente regels het kind het meest uitnodigen om vanzelfsprekend mee te gaan in datgene wat er van hem verwacht wordt. Daartoe heeft het vaak wel een aanmoediging nodig, maar in het algemeen geen beloning. Een peuter heeft in het doen en laten van alledag de bevestiging en waardering van de omgeving nodig – in de vorm van een aai over de bol of een goedkeurende opmerking. Echte beloningen en overdreven aanprijzingen kunnen de vanzelfsprekendheid waarmee een peuter dingen doet verminderen en in het kind vroegtijdig het besef wekken: 'Als ik dit doe, dan vindt mama mij lief, en krijg ik dat'. Wel is het zo dat belonen een beter opvoedingsmiddel is dan straffen, omdat het kind met een beloning bevestigd krijgt wat het goed doet.

Bij buitengewone zaken, zoals het na veel moeite zindelijk worden of het doorbreken van slechte slaapgewoonten, horen soms tastbare beloningen, in de vorm van iets dat het kind graag heeft of graag doet. Beloon het bijvoorbeeld met een glanzend gepoetste appel of een lekkere pannenkoek, of onderneem samen iets speciaals, zoals naar de speeltuin of de kinderboerderij gaan. Wordt er vaak beloond om iets van het kind gedaan te krijgen, dan zal het kind op den duur alleen met een beloning te motiveren zijn.

Het is belangrijk om je te realiseren dat door een kind te straffen het alleen leert wat niet mag. Om te leren wat er wél mag, en hoe iets wél moet, moet je de tijd en het geduld opbrengen het je kind voor te doen en samen met hem te oefenen. Voeten vegen, handen wassen, opruimen, het zijn allemaal dingen die uitvoerig geoefend moeten worden. Als hieraan te weinig aandacht wordt besteed, is het oneerlijk om het kind te straffen als het iets niet doet of niet goed doet, ook al is het maar met een standje. En nogmaals: het werkt veel motiverender iets waarderends te zeggen als het kind wél iets goed doet.

De twee meest gehoorde vragen over straffen zijn, of je met straffen niet de band met je kind schaadt en of je niet de wil van je kind breekt, zeker als je ziet hoeveel verzet een streng gestelde grens of een straf kan oproepen. Bij straffen is het belangrijk dat het kind zich niet afgewezen voelt. Als het goed is, keur je alleen het gedrag van je kind af en niet het kind zelf. En dat hoeft de band met je kind dus niet te schaden. Als een kind zich verzet, voelt het zijn eigen kracht, en dat maakt hem sterk. Maar om die kracht te voelen hoeft het nog niet te winnen! Want als het kind wint, krijgt het de macht in handen, en dat is heel onveilig voor een kind. Wat een kind in zo'n geval van je vraagt, is dat je rustig en gedecideerd leiding geeft en het niet zo ver laat komen dat er een machtsstrijd ontstaat, want daar kom je allebei gebroken uit!

Veel straffen zijn te voorkomen door, wanneer je kind iets doet wat niet mag, eerst eens goed te kijken naar wat het eigenlijk aan het doen is en er niet direct wat van te zeggen. Vaak beoordelen we iets als stout terwijl het kind alleen maar zijn verkenningsdrang uitleeft. Een kind dat naar de koekjestrommel grijpt die op tafel staat hoeft niet per definitie ongehoorzaam te zijn. Misschien wil het helemaal niet gaan snoepen, maar glimt de trommel zo mooi, of wil het alleen maar naar de koekjes in de trommel kijken, of ze mooi op een rijtje leggen.

SOORTEN STRAFFEN

Er zijn veel soorten straffen, van een standje tot lijfstraffen. Straffen die bij een peuter passen zijn *een standje geven*, hem uit de omgeving halen en even *afzonderen* en, in mindere mate, de *onthoudingsstraf*.

Als je een standje geeft, zijn de woorden die je daarbij gebruikt minder belangrijk dan de ernst waarmee je het doet. Een standje van veraf, bijvoorbeeld vanuit de keuken de kamer 'ingeslingerd', werkt meestal niet. Wat wél werkt is dat je naar je kind toegaat, het zachtjes bij de arm pakt en aankijkt en het met een paar korte zinnen duidelijk maakt wat er niet mag, maar ook wat wél mag.

Afzonderen helpt als een peuter moeite heeft zijn verzet op te geven. Neem het kind rustig en gedecideerd mee de kamer uit en zet het op een plek waar het geen kwaad kan. Zeg dat je terugkomt als het weer gekalmeerd is. Sommige kinderen kunnen dat moment prima zelf aangeven, anderen doen al snel beloften die ze toch niet waar kunnen maken, zoals: 'Ik zal het nooit meer doen'. Dan kun je beter zelf het moment bepalen. Eierwekkers en zandlopers kunnen dan handig zijn, omdat die voor het kind duidelijk het moment aangeven dat het weer mag komen. Ten slotte laat je door een aai over de bol het kind voelen dat alles weer goed is.

Wacht met het afzonderen niet tot er al een scène is geweest en je als ouder in een onmachtsituatie verzeild bent geraakt. Want dan raakt het kind helemaal over zijn toeren, is er geen land meer mee te bezeilen en is het ook niet meer veilig ergens apart te zetten. Als je het moeilijk vindt om op die manier in te grijpen en steeds afwacht in de hoop dat de stemming vanzelf weer gezellig zal worden, dan kan het helpen om eens na te gaan hoe vaak dat inderdaad vanzelf gebeurt, en hoe vaak het uiteindelijk toch op een scène uitdraait. Als dat laatste het geval is, had door eerder ingrijpen een hoop irritatie en strijd voorkomen kunnen worden. Het is een belangrijk opvoedingsprincipe dat je je beter druk kunt maken om kleine problemen dan te wachten tot die problemen groot zijn geworden.

Een straf die eruit bestaat het kind dingen te onthouden die het graag doet, is alleen geschikt voor kinderen met wie je echt afspraken kunt maken, en dat begint tegen de kleuterschoolleeftijd te komen. Het is een strafmaatregel waarbij 'overtreding' en straf dicht bij elkaar moeten liggen. Bijvoorbeeld: met een kind van bijna vier jaar dat 's ochtends in de tuin speelt is de afspraak gemaakt dat het niet buiten het hek mag. Opeens is het toch verdwenen. Een logische straf is dan: binnenblijven tot het middageten. Zo'n straf moet zich niet voortslepen tot ver in de middag, of zelfs tot de volgende dag. Een klein kind leeft vooral in het nu, en een lange straf is een veel te zware en voor het kind onbegrijpelijke last.

Bijten en slaan

Gedrag waarbij peuters bijten en slaan kan allerlei oorzaken hebben. Het kan voortkomen uit een onderzoekingsdrang: even kijken wat er gebeurt als je een ander slaat of bijt. Er kan jaloezie in het spel zijn. Of het kind kiest voor dit gedrag omdat het niet onder woorden kan brengen wat het wil.

Vaak is dit gedrag te voorkomen als je tijdig ingrijpt en het kind afleidt. Als het kind slaat of bijt doet het iets wat niet mag, wat er ook de oorzaak van is! Het zal die gewoonte dus moeten afleren. Een klein kind beleeft zichzelf als middelpunt van alles en voelt nog niet aan wat pijn of verdriet voor een ander is. Dat besef zal de omgeving hem moeten bijbrengen.

Het is dan ook zinvol om na de primaire reactie van 'dat mag niet, je doet je zusje pijn' de aandacht op het 'slachtoffer' te richten en die samen te troosten. Als het bijten of slaan niet stopt, zal een consequente straf, bijvoorbeeld een paar minuten op de gang staan, dit gedrag meestal wel doorbreken. Maar dan moet er wel op ieder 'bijt- of sla-vergrijp', met die maatregel worden gereageerd.

Straffen uit onmacht

Straffen is lang niet altijd een weloverwogen zaak. Heel vaak gebeurt het impulsief, uit woede of onmacht. Als ouder kun je je na zo'n situatie schuldig voelen, en heb je spijt. Het voornemen om nooit meer zo boos te worden is niet zo realistisch en levert dus weinig op. Kijk goed hoe je kind op de straf reageert. Sommige kinderen voelen zich namelijk als herboren na zo'n scène, omdat de lucht gezuiverd is en ze zelf weer stevig in hun vel zitten. Terugkijkend kan deze ervaring je een impuls geven om eerder en zo nodig krachtig in te grijpen en niet bang te zijn om duidelijke grenzen te stellen.

Andere, vooral gevoelige kinderen, kunnen na een straf angstig of timide zijn; dan is de confrontatie waarschijnlijk te fors geweest. Ook die ervaring kan tot het voornemen leiden om een volgende keer eerder, en daardoor waarschijnlijk rustiger, in te grijpen. Toch zal zo'n situatie zeker nog wel eens voorkomen en zal het gevoelige kind ermee moeten leren omgaan, en daar is thuis de beste en veiligste plek voor.

Als je vanuit blinde drift een straf uitdeelt, kun je er zeker van zijn dat het niet werkt, omdat drift en agressie in de opvoeding nooit goed werken, zeker als er ook nog bij geslagen wordt. Dat zal zichtbaar zijn aan het kind, dat met angst reageert.

Het probleem met slaan is, dat hoe vaker je het doet, des te lager de drempel wordt om het weer te doen. Bovendien neemt een kind dit voorbeeld heel snel over. Heel af en toe een tik op de vingers of een pak op de broek kan geen kwaad, maar als opvoedkundige 'gewoonte' werkt het nooit goed. Je zou je eigenlijk moeten voornemen dat je alleen in uiterste gevallen, en het liefst weloverwogen, een pak op de broek mag geven, bijvoorbeeld als een kind dat weet dat het niet op straat mag fietsen, dat tóch een keer doet en je het wilt inprenten dat dit absoluut verboden is.

Bij straffen uit drift of onmacht wordt vaak geschreeuwd. Dit is ook iets dat een kind snel overneemt, waardoor de stemming over en weer zal verharden.

Dreigen werkt slecht, zeker bij peuters. Meestal wordt gedreigd met straf of met onthouding van ouderlijke liefde. Dreigen met 'als... dan...' roept vaak angst op bij het kind, en vanuit die angst zal het in eerste instantie gehoorzamen. Maar daarna zal dit dreigen veel kinderen uitdagen om te proberen of die dreiging inderdaad serieus bedoeld is. Op die manier raak je snel in een machtsstrijd verwikkeld. Als de dreiging niet waar te maken is, verlies je ook nog eens je geloofwaardigheid en zal je kind je steeds minder serieus nemen.

Dreigen met: 'Als je dat doet vindt papa jou niet meer lief' werkt minstens zo negatief, omdat voor een kind de ouderlijke liefde de meest basale zekerheid is die het heeft. Daarom mag deze nooit gebruikt worden als chantagemiddel.

De drie peuterwapens

Het niet willen eten, niet willen slapen en problemen rond de zindelijkheid worden wel de drie peuterwapens genoemd. Zo op het eerste gezicht een wat groot woord voor een peuter. Maar de wanhoop die ouders kunnen voelen bij een kind dat niet wil eten of slapen kan zulke proporties aannemen, dat de uitdrukking 'wapen' vanuit het perspectief van de ouders in een aantal situaties toch gerechtvaardigd lijkt. Vanuit het perspectief van het kind is het geen goede benaming, omdat uiteindelijk geen enkel kind voor ogen heeft om met strijd de liefde van zijn ouders te verliezen.

Eten, slapen en zindelijk worden zijn activiteiten die zich alledrie op het lichamelijke vlak afspelen. Een kind kan alleen zélf eten, zélf slapen, zélf een plas op de po doen. Daarom is het ook zo lastig als er op één van deze gebieden problemen ontstaan.

Al eerder beschreven wij als karakteristiek voor de peuter dat hij zich zo kan afsluiten als je iets echt van hem verlangt (zie blz. 28 e.v.). Op het gebied van eten, slapen en zindelijk worden is dat al helemaal zo. Een kind dat regelmatig weigert om te eten zal niet opeens zijn verzet staken en met smaak gaan eten als de ouder hem het eten in de mond propt. En door een pak slaag zal een peuter zeker zijn broek niet droog houden, maar de kans is wel groot dat je met je kind in een verbeten machtsstrijd verzeild raakt. Om deze zaken goed aan te kunnen pakken, zal er natuurlijk allereerst gekeken moeten worden of er gezondheidsproblemen zijn. Daarnaast is het zinvol om eens naar de dagelijkse gang van zaken te kijken, omdat je er zo wellicht achter kunt komen hoe je het probleem kunt aanpakken.

– Hoe staat het met het dagritme, is er voldoende afwisseling in de dag, wordt er te veel of juist te weinig van het kind gevraagd?
– Krijgt het kind voldoende beweging, komt het genoeg buiten?
– Hoe staat het met de voeding, past die nog bij de leeftijd, ziet het eten er smakelijk uit?
– Hoe is de aandacht over de dag heen verdeeld?
– Worden er genoeg en duidelijke, of juist te véél grenzen gesteld?

Ontbreken één of meer van deze elementen, of is er te weinig evenwicht, dan kun je daarmee aan de slag (zie verder blz. 147, 148, 68).

Ouders en kinderen

Het gezin

In de huidige tijd is er een grote verscheidenheid aan gezinstypes. In plaats van 'gezin' kun je ook van 'familie' spreken. Dit woord is afgeleid van het Latijnse *familia*, wat huishouding betekent. Hoe het gezin er ook uit ziet, kenmerkend is dat je samen in één huis woont, samen ruimtes in dat huis deelt en samen (een deel van) de tijd doorbrengt. De waarde van een gezin schuilt in de manier waarop volwassenen met elkaar en met de kinderen omgaan. In het ideale geval ontleent het gezin zijn kracht aan onderlinge betrokkenheid, verantwoordelijkheid en veiligheid, en leer je er delen met elkaar, leer je vergeven en elkaar steunen.

Omdat kinderen in de eerste jaren de oudere gezinsleden in alles nabootsen, ligt hier een belangrijke verantwoordelijkheid voor de volwassenen in het gezin. Het goed verzorgen van de relatie van de volwassenen onderling draagt daar in belangrijke mate aan bij.

Hieronder bespreken we drie kwaliteiten die van belang zijn in een gezin.

'THUIS'

Het begrip 'thuis' omvat de plek waar je woont en de mensen bij wie je woont. Het is niet vervangbaar, er is in principe maar één thuis. Hoe het huis er ook uit ziet waar volwassenen en kinderen wonen, het kan een 'thuis' worden wanneer het er veilig is, wanneer iedereen er zichzelf kan en mag zijn, en wanneer het er ook gezellig is.

Dit betekent dat de ruimte niet alleen op de kinderen, maar ook op de volwassenen afgestemd moet worden. En dat er niet alleen voor de kinderen leefregels moeten zijn, maar ook voor de volwassenen. Voor de ouder geldt bijvoorbeeld dat hij of zij niet rookt in de ruimte waar het kind is, voor het kind dat het niet aan de geluidsapparatuur mag zitten.

Verder is het bijzondere van thuis dat de voorwerpen in huis veelal een geschiedenis hebben. In de wieg hebben de voorgaande generaties ook al gelegen, de vaas is van oma geweest, het driewielertje is van het oudste kind, de versleten lappenpop van het jongste kind, enzovoort.

Allemaal dingen die dierbaar zijn, en waar je dus behoedzaam mee omgaat. Zo is er in een 'thuis', naast de betrokkenheid met elkaar, ook een betrokkenheid met de dingen in huis.

Dragende relatie

De relatie tussen ouders onderling, en tussen ouders en kinderen is, als het goed is, er één van samen 'dragen'. Dat betekent dat vreugde en verdriet, hoop en teleurstelling samen verwerkt kunnen worden. Je staat samen op, ontbijt samen en de dag wordt (gedeeltelijk) samen beleefd. Waarden en tradities worden doorgegeven. De band die onderling in het gezin ontstaat kan juist in de eerste jaren groeien doordat kinderen nog zo op de ouders aangewezen zijn. Hierdoor zal het kind zich kunnen hechten en zal het zich veilig kunnen voelen. Ook voor ouders kan het een veilig vertrekpunt zijn voor hun verdere dagelijkse werkzaamheden.

Als ouders gaan scheiden, of als een gezin samengevoegd wordt met een ander gezin, kunnen de relaties onderling danig op de proef gesteld worden. Ook als ouders bijvoorbeeld een geheim met zich meedragen over de herkomst van het kind kan dat de dragende relatie sterk beïnvloeden.

Pedagogische verantwoordelijkheid

Een kind is afhankelijk van de ouder(s) en groeit heel langzaam naar zelfstandigheid. Die afhankelijkheid brengt het kind in een zeer kwetsbare positie, en brengt voor de ouders een grote verantwoordelijkheid met zich mee.

Voor het ouderschap heb je geen opleiding gevolgd. Natuurlijk kunnen ook anderen hun inbreng hebben bij de opvoeding van het kind, maar er is er maar één die uiteindelijk verantwoordelijk is, en dat ben je zelf! Van die verantwoordelijkheid ben je je niet de hele dag bewust. Waarschijnlijk zou je dan niet meer kunnen opvoeden, omdat dit voortdurende besef je lamlegt. Het is meer zo dat je, net zoals je richting geeft aan je eigen leven, je ook richting geeft aan het leven van de kinderen in de periode dat je opvoeder bent. Jij schept de voorwaarden waarbinnen iedereen zich kan ontplooien. Dat betekent dat noch het kind, noch de ouder centraal staat, maar de opvoedende relatie.

Hoe meer deze drie kwaliteiten – het scheppen van een thuis, het onderhouden van een dragende relatie en het dragen van pedagogische verantwoordelijkheid – een vanzelfsprekende plek in het leven van de ouders hebben, des te positiever de invloed zal zijn op het gezinsleven. Daarbij heeft natuurlijk ieder gezin zo zijn eigen kenmerken. In het ene gezin straalt je de spontaniteit in alles tegemoet, het andere gezin is vormelijker van aard. Een gezin met jonge kinderen toont eerder een besloten karakter, terwijl een gezin met pubers bruist en veel wereldser is. De identiteit en de gezondheid van het gezin zullen het kinderleven en het (werk)leven van de volwassene beïnvloeden.

Broertjes en zusjes

Als er een baby geboren wordt, veranderen de verhoudingen binnen een gezin. Als die baby een tweede kind is, wordt het eerste kind opeens oudste; bij de komst van een derde is de tweede niet langer de jongste maar krijgt een tussenpositie, enzovoort. In veel vakliteratuur wordt vooral de onderlinge concurrentie en rivaliteit benadrukt; veel minder vaak staat de onderlinge verbondenheid centraal, terwijl beide kanten in de dagelijkse praktijk van het gezinsleven beleefbaar zijn.

We zijn bij het beschrijven van dit onderwerp uitgegaan van de meest voorkomende situatie: het gezin met meerdere kinderen. Voor een gezin met bijvoorbeeld pleegkinderen, een gehandicapt kind of meerlingen, of voor een gezin dat deel uitmaakt van een groter samenlevingsverband, gelden – met een individuele invulling – verder dezelfde uitgangspunten.

Het gezin kan een veilige oefenplek zijn voor een kind waarin het kan, maar ook moet leren omgaan met zoiets moeilijks als jaloezie, of waar het leert delen en wachten. Deze kant van het gezin wordt lang niet altijd op waarde geschat, want nog steeds bepaalt het ideaalbeeld van het harmonieuze huisgezin de norm. Het maakt veel uit hoe je je opstelt – of je jaloezie zielig vindt voor je kind en al het mogelijke doet om die gevoelens te voorkomen, of dat je ervan uitgaat dat die gevoelens bij het leven horen en je samen met je kind de uitdaging aangaat ermee om te leren gaan. Als er gewerkt wordt aan sociale vermogens dan kan en hoeft er niet voortdurend harmonie in een gezin te zijn!

Een nieuw broertje of zusje

Voor een peuter is de komst van een baby in het gezin lang niet altijd makkelijk. Je kunt een kind maar ten dele voorbereiden op deze gebeurtenis, voor het grootste deel zullen alle veranderingen hem toch overvallen.

Reacties blijven dan ook meestal niet uit. Soms reageert een kind met ziekte op de nieuwkomer, wat gepaard kan gaan met hoge koorts. Soms reageert een kind vanuit zijn nieuwe positie van het niet meer de jongste zijn, met een sprong vooruit door bijvoorbeeld opeens zindelijk te worden. Andere kinderen vallen juist terug en vertonen gedrag dat al een tijd achter hen ligt, bijvoorbeeld door weer in hun broek te plassen of weer uit een flesje te willen drinken. Voor deze kinderen kan het een hulp zijn als de omgeving ze niet te veel aanspreekt op het al groot zijn, en het terugvallen maar even laat voor wat het is. Meestal gaat het dan vanzelf weer voorbij. Verder kan het een hulp voor het kind zijn als het de dingen die je met de baby doet, kan nadoen met bijvoorbeeld een nieuwe pop.

Het kraambezoek moet goed geregeld worden, omdat dit alle aandacht van de ouders vraagt en het gewone ritme in de war schopt. Het scheelt al veel als het bezoek ook oog heeft voor de oudere kinderen in het gezin.

Voor kinderen die uit hun doen zijn door alle veranderingen is het goed als de huiselijke gewoonten weer zo snel mogelijk opgepakt worden.

Daarnaast kan wat extra verwennen een steuntje in de rug zijn, bijvoorbeeld in de vorm van een extra fietstochtje met vader. Verwen het kind niet door dingen goed te vinden die je daarvoor niet goed vond. Dat is voor een peuter heel verwarrend, zeker in een periode waarin er toch al zo veel verandert.

Als de baby gaat kruipen, verandert er voor de oudere kinderen in het gezin opnieuw een heleboel. Opeens is er niets meer veilig, de schattige baby is in hun ogen nu opeens een soort monster geworden, dat alles kapot maakt. De speelruimte van de grotere kinderen moet veiliggesteld worden, bijvoorbeeld door het jongste kind regelmatig in de box te zetten. Daarnaast kan het de oudere kinderen helpen als ergens in huis een eigen plekje gecreëerd wordt, waar ze hun schatten kunnen bewaren en waar ze alleen kunnen spelen.

Broertjes en zusjes kunnen onderling ook veel steun aan elkaar hebben. Een kind dat bang is in het donker kan alleen al door de aanwezigheid van een slapend broertje of zusje zich zo veilig voelen, dat het vanzelf weer gaat slapen. Of de grote stap naar de peuterspeelgroep of de kleuterklas kan vol vertrouwen tegemoet gezien worden, omdat het oudere zusje daar ook al is. Omgekeerd kan het voor een ouder kind dat op school een beetje op z'n tenen loopt heel veilig zijn om thuis, bij een jonger broertje of zusje weer klein te mogen zijn en met de poppen te spelen.

Samen keten en lol maken gebeurt al vanaf jonge leeftijd. Het is vaak het eerste contact dat een peuter en een baby-broertje of -zusje met elkaar hebben. Echt samen spelen zal in de baby- en peuterperiode zelden voorkomen.

Ruzie

Ruzie komt in elk gezin voor. Of er veel of weinig ruzie gemaakt wordt, hangt af van verschillende dingen. Problemen in het gezin, één of meer kinderen die moeilijk in de omgang zijn of die elkaar niet liggen, relatieproblemen of een te kleine woning kunnen allemaal aanleiding zijn tot ruzies. Dat betekent niet dat je alleen maar machteloos kunt toezien.

Allereerst kun je er met fantasie en humor voor zorgen dat een flink aantal ruzies binnen de perken blijft en opgelost wordt, zeker bij de allerkleinsten. Zo kun je een kind afleiden als het kibbelt over een stuk speelgoed, en het daarmee spelenderwijs op andere gedachten brengen. Door even in te stappen in het spel en er een nieuwe dimensie aan toe te voegen, wordt het onderwerp van de ruzie als vanzelf vergeten.

Verder kan het kinderen in hun onderlinge confrontaties enorm helpen als er duidelijk is wat wél en wat níet mag. Bijten, slaan, met blokken gooien en speelgoed hardhandig afpakken mag bijvoorbeeld níet, maar je eigen spulletjes verdedigen of veilig stellen mag wél. Uiteraard leren kinderen deze regels met vallen en opstaan.

Maar in een gezin komen ook veel situaties voor waarbij de regels 'dit mag wel, dat mag niet' niet zo duidelijk van toepassing zijn. Hier moeten zowel de ouders als het kind van de praktijk leren, en soms ontstaan daardoor gaandeweg nieuwe regels. In sommige gevallen, als er bijvoorbeeld alleen maar wat gekibbeld wordt, hoef je niet in te grijpen, in andere gevallen zal dat wel nodig zijn.

Soms moet je een van de kinderen beschermen, een andere keer moet je door in te grijpen een voorbeeld stellen. Door er even over te praten of door samen te kijken of er een gezamenlijke oplossing te vinden is, kunnen de kinderen ervaren dat je ruzies ook op een andere manier dan met gekibbel of met slaan kunt oplossen. Bij elke ruzie spelen boosheid, maar ook verdriet en pijn een rol. Pas als zowel de boosheid als het verdriet een plek mogen hebben, door ze bijvoorbeeld voor de kinderen te benoemen, kan de vrede weer terugkeren.

Als je het ene kind voortrekt en het andere altijd de schuld geeft, kun je een ruziepatroon in het gezin in stand houden. Het ene kind is dan eerder geneigd een ruzie uit te lokken – omdat het toch altijd vrijuit uit gaat – en het andere kind wordt onverschillig – omdat het toch altijd de schuld krijgt. Het is de moeite waard om bij regelmatig geruzie goed te kijken naar wat er gebeurt en goed te luisteren naar wat de kinderen ermee willen zeggen. Misschien voelt het kind zich te weinig gezien en vraagt het op deze manier om aandacht. Als je er echt bij stilstaat en er samen met je partner over praat, vind je vaak weer nieuwe ingangen en kan het gevoel van onderlinge verbondenheid toenemen.

Ouders onderling

Vaak komt het verzorgen van de onderlinge relatie van de ouders op de laatste plaats. Het huishouden en het opvoeden van de kinderen is al een immense taak. Het (eventuele) werk buiten de deur vraagt meestal ook veel energie en daarnaast heb je nog je sociale contacten, het onderhouden van het huis, het bijhouden van de financiën, sport, enzovoort.

De peuterleeftijd is vaak een eenzame periode voor degene die het meest bij de kinderen is. Het huishouden kost veel tijd, een peuter kost veel energie en het kind gaat nog niet naar school, sport of muziekles, waardoor je wat tijd voor jezelf kunt hebben. Juist in deze periode heb je je partner hard nodig. Probeer in gesprek te blijven over wat ieder die dag of die week gedaan heeft. Als de opvoedingstaak erg zwaar valt, probeer dan voor jezelf, maar ook samen, zicht te krijgen op waar het vastloopt. Voorwaarde hiervoor is dat je eerlijk en zonder te oordelen naar jezelf kijkt. Durf bijvoorbeeld een keer voor jezelf toe te geven dat je even genoeg hebt van je kind als het vervelend is geweest. Pas als je dit gevoel toelaat en gaat zoeken wat je moeilijk vindt, kun je er verder mee komen. Meestal heb je dan vooral behoefte aan een luisterend oor, aan iemand die meeleeft, en niet aan kant-en-klare adviezen van de ander. Ervaringsfeit is dat vrouwen vaak eerder problemen signaleren dan mannen en ook eerder met die problemen komen. Probeer grip te krijgen op het probleem door het concreet te maken. Blijf niet hangen in: 'Het is zo moeilijk, het is zo zwaar', maar probeer duidelijk te krijgen wát er te zwaar is, en ga op zoek naar mogelijkheden om er (samen) iets aan te doen.

Bouw verder regelmatig een rustpunt in de week in, zowel alleen als samen. Zorg ervoor dat ieder de ruimte krijgt om iets voor zichzelf te doen, en doe daarnaast ook iets met z'n tweeën. Met dit laatste creëer je ruimte om elkaar weer eens op een andere manier te ontmoeten dan alleen met, of in gesprek over de kinderen. Een dineetje thuis met z'n tweeën, als de kinderen in bed liggen, is een beproefde remedie voor ouders die elkaar alleen nog maar tijdens de spitsuren in het gezin meemaken, ook al bestaat dat diner door tijdnood uit 'afhaalchinees'.

Durf echter ook ruzie te maken en ga hiermee door tot je elkaars goede en dierbare kanten weer ziet. Van elkaar weet je meestal wel dat die er zijn, maar door drukte, het niet lekker in je vel zitten, of door problemen kunnen ze ondergesneeuwd raken en lukt het niet ze bij elkaar wakker te roepen. Als je als ouders vaak ruzie maakt in het bijzijn van de kinderen, dan kan dat als voorbeeld gaan werken, net als andere gewoonten. Grotemensenruzies roepen spanningen op bij kinderen, en ook dat lokt ruzies uit. Als het je echter lukt om je na een ruzie weer met elkaar te verzoenen, en de stemming is daarna weer goed, dan geef je het positieve voorbeeld dat ook bij ruzies hoort: het weer goed maken.

Ruzies die overdag opkomen zijn soms uit te stellen tot een moment dat de kinderen er niet bij zijn en er tijd en ruimte is om ze goed uit te werken.

In de periode dat de kinderen klein zijn, kan het contact met andere ouders een grote steun zijn. Je kunt ervaringen uitwisselen over de opvoeding en over hoe je in een gezin ook zelf aan je trekken kunt komen. Ook kun je in een oudergroep gezamenlijk een thema bij de kop nemen,

zoals het omgaan met speelgoed, hoe je een dag inricht met kleine kinderen, het omgaan met straffen, enzovoort.
Voor de omgang met jezelf bestaan oefeningen (zie de literatuuropgave op blz. 159). Ook deze kunnen een hulp zijn bij het verzorgen van de relatie en bij het opvoeden van kinderen, omdat ze inzicht geven in je veelal onbewuste karaktereigenschappen en eenzijdigheden.

Kinderopvang

Kinderopvang is in de Nederlandse samenleving flink ingeburgerd. Er zijn veel vormen van kinderopvang, en bij elke vorm kun je zo je overwegingen hebben. We noemen een paar van die overwegingen.
- Je kunt bijvoorbeeld voor een peutergroepje kiezen om jezelf wat ruimte te geven of om in contact te komen met andere ouders. Ook als je kind slecht tot spelen komt en je niet de creativiteit of de rust in huis hebt om daar wat aan te veranderen, kan een peutergroepje of iets dergelijks een oplossing zijn. Zeker bij kinderen die alleen opgroeien kan het gaan naar een speelgroepje het spel enorm verrijken.
- Het is niet zo, dat nu kinderopvang en peuterspeelgroepjes steeds meer ingeburgerd raken, ze daarom ook een 'must' zijn voor de ontwikkeling van een kind, ook niet voor het ontwikkelen van sociale vermogens. Tot vier jaar vormt vooral het voorbeeld dat je zelf geeft de basis voor het ontwikkelen van sociale vermogens, en niet in eerste instantie het spelen in een grotere groep kinderen.
- Als je voor kinderopvang kiest in verband met werken buiten de deur, dan is het vaak lastig afwegen. Aan de ene kant is er de wens of de noodzaak om te gaan werken, aan de andere kant heb je je opvoedingsverantwoordelijkheden. Het is de moeite waard om regelmatig de balans op te maken hoe het met het gezin gaat, of er van jezelf of van de kinderen te veel gevraagd wordt, of iedereen voldoende tot zijn recht komt, of er genoeg rustpunten zijn in het dagelijkse leven, en of je elkaar voldoende ziet (zie ook blz. 43 e.v.).
- De situatie waarbij beide ouders part-time (buitenshuis) werken en beiden een deel van de week thuis zijn voor de kinderen is voor velen de meest gunstige oplossing, maar is in de praktijk niet altijd realiseerbaar. Er zou veel gewonnen zijn als de maatschappij daar meer mogelijkheden voor zou bieden.

Hieronder volgen de meest bekende vormen van kinderopvang.
- Een crèche of kinderdagverblijf biedt talloze mogelijkheden in de tijd

om de kinderen op te vangen. Er kan gekozen worden uit verschillende dagen in de week, zowel overdag als op avonden, 's nachts, weekeinden en schoolvakantie. De groepen kunnen bestaan uit kinderen van dezelfde leeftijd of van verschillende leeftijden. Soms is er ook sprake van een integratie met lichamelijk en verstandelijk gehandicapte kinderen.
- Een gastouderbureau bemiddelt tussen ouders die kinderopvang zoeken en gastouders die kinderen willen opvangen en verzorgen. De opvang kan zowel bij de gastouders thuis plaatsvinden als in het huis van de kinderen. Wensen van ouders worden zoveel mogelijk gehonoreerd.
- Een oppas aan huis zonder bemiddelingsbureau: dat kan via een advertentie, of doordat je iemand vraagt die je kent, zoals een opa of oma, een buurvrouw of een vriend(in).
- Er bestaan dreumesgroepen en er zijn peuterspeelzalen die hun deuren openen voor kinderen vanaf 2 jaar en 6 maanden, of soms iets jonger. Ook zijn er ouders die zelf een peutergroepje aan huis organiseren.
- Betrekkelijk nieuw is het Heemhuys, een kleinschalige kinderopvang waarbij uitgegaan wordt van een antroposofische visie. Zie www.heemhuys.nl.

Kinderopvang stopt in het algemeen met vier jaar. Dit is de leeftijd waarop de meeste kinderen naar de basisschool of de kleuterschool gaan. Leerplichtig is een kind vanaf vijf jaar.

Neem als je kennis gaat maken met een gastouder of een oppas het gevoel dat je bij die kennismaking krijgt serieus; heb je twijfels, en heb je niet het volste vertrouwen in iemand, zoek dan verder.
De periode van 8 maanden tot 1½ à 2 jaar is een kwetsbare periode, zeker wanneer de opvang méér tijd in beslag neemt dan het thuis zijn. Kinderen zijn dan vaak eenkennig en kunnen echt ontredderd zijn als vader of moeder opeens weggaat. Is het kind al voor deze kwetsbare periode aan een opvang gewend geraakt, dan zijn de reacties meestal minder heftig. Elke vorm van opvang heeft zijn eigen regels, werkwijze en financieel plaatje. Het is belangrijk om alles van tevoren goed na te gaan. Bij de gemeente is informatie te verkrijgen over de verschillende mogelijkheden.

Thema's in de verzorging

Voeding

Wanneer een kind één jaar is, heeft het een aantal smaken leren kennen en heeft het in zijn spijsvertering geleerd al heel wat meer te verteren dan alleen borstvoeding. Toch is het van belang om ook in de twee jaar die nu volgen rustig aan te blijven doen met het wennen aan nieuwe smaken en voedingsmiddelen. Het kind leert in deze fase lopen, spreken en denken en heeft niet altijd voldoende aandacht en kracht over om tegelijkertijd allerlei nieuwe voedingsmiddelen te verteren. Naarmate het kind ouder wordt gaat het verteren, dat ook als een leerproces beschouwd kan worden, makkelijker. Van belang daarbij is is dat er in een gezellige en ontspannen sfeer wordt gegeten en dat het eten lekker smaakt. Dat helpt bij het ontwikkelen van een gezonde vertering.

De voedingslijn en het voedingsritme

De voeding van een peuter zal in de loop van de peutertijd zo veranderen, dat het warme eten steviger van substantie wordt en dat naast gekookte groenten ook rauwkost gegeven kan worden. De smaak kan zich geleidelijk uitbreiden van aanvankelijk vooral zoet en zuur naar ook gekruide, zoute en soms zelfs bittere gerechten.

Leidraad bij onze voedingsadviezen is het gegeven dat de kinderlijke organen een zekere rijpheid moeten hebben om de voeding die wij als volwassenen eten aan te kunnen, nog afgezien van de individuele verteringsmogelijkheden van het kind.

Wat betreft de etenstijden zal de voeding van een kind na het eerste levensjaar meestal aangepast zijn aan het volwassen eetpatroon. Een verschil kan zijn dat het warme hapje 's middags gegeven wordt, terwijl de rest van het gezin 's avonds warm eet. Verteren gaat 's middags makkelijker, en als het kind moeite heeft met de spijsvertering, kan het een hulp zijn om het 's middags warm te laten eten.

Het is best een kunst om het kind, dat steeds vaker mee aan tafel zit, toch z'n eigen geleidelijke voedingsontwikkeling te laten doormaken. Veel kinderen willen uit een gezonde drang tot nabootsing hetzelfde eten als

de anderen op hun bord hebben. Het vraagt van de opvoeder een voortdurende creativiteit om zowel tegemoet te komen aan déze behoefte, als ook tegelijkertijd het kind te geven wat het nodig heeft. Je kunt het kind bijvoorbeeld eerst het eigen hapje geven en daarna een klein beetje van het grote-mensen-eten. Op den duur, wanneer het kind met het gezin meeeet, zal de gezinsmaaltijd aangepast moeten worden aan de verteringsmogelijkheid van de peuter. Er bestaan overigens uitstekende kookboeken met ideeën daarvoor (zie de literatuuropgave op blz. 160).

Naast de drie hoofdmaaltijden heeft een peuter ook nog twee tussendoortjes nodig. In het hoofdstuk *Praktische adviezen per leeftijdsfase* wordt hier uitvoeriger op ingegaan.

In de loop van de tijd zal het steeds duidelijker worden wat het kind lekker vindt en wat niet. Ieder kind heeft een zekere eenzijdige geaardheid, die je met de voeding kunt versterken of waaraan je met de voeding wat tegenwicht kunt geven.

Kinderen die aan de mollige kant zijn en zich niet al te druk maken, hebben vaak een voorkeur voor zoete, warme, smeuïge gerechten. Deze voeding zal de natuurlijke aanleg enigszins versterken. Kinderen die daarentegen aan de dunne kant zijn en wat betreft hun karakter druk en alert zijn, hebben vaak een voorkeur voor hartige gerechten en voor voeding waar wat aan te kauwen valt, bijvoorbeeld rauwkost. En juist díe voeding zal hen activeren. De ervaring leert dat 'tegengestelde' voeding een kind wat evenwichtiger kan maken. Aan de opvoeder de keuze om eventueel via de voeding wat 'bij te sturen'. Blijft overeind dat eten leuk moet blijven!

Voedingskwaliteit

De kwaliteit van de voeding is voor het kleine kind zo mogelijk nog belangrijker dan voor de volwassene. Uit proeven met dieren is gebleken dat een goede voeding voor het jonge dier garant staat voor een goede gezondheid van het volwassen dier, óók als er later heel weinig voedsel beschikbaar was. Kreeg daarentegen het jonge dier voedsel van slechte kwaliteit, dan was er naderhand bij het volwassen dier sprake van een zwakke gezondheid, die niet meer te verbeteren was met goede voeding.

Uiteraard zijn er grote verschillen tussen mensen en dieren, maar dit onderzoek biedt ook voor de mens belangrijke inzichten. Ook bij ons wordt in de kinderjaren de basis gelegd voor later. Juist daarom verdient de kwaliteit van de kindervoeding aandacht.

De voedingskwaliteit hangt enerzijds samen met de samenstelling van een product, maar anderzijds ook met de vitaliteit en de levensstructuur ervan. De manier waarop een product geteeld is heeft hier grote invloed op.

Met kunstmest en kunstlicht ontstaat een zwakkere levensstructuur: de natuurlijke weerstand van een plant neemt af en bestrijdingsmiddelen zijn nodig om het gewas te beschermen tegen ziekten en plagen. Naarmate een plant meer de gelegenheid krijgt om op organische mest in z'n eigen tempo te groeien en goed rijp te worden, wordt de levensstructuur krachtiger en neemt de natuurlijke weerstand toe. Bovendien worden de smaak en de houdbaarheid beter.

In de biologische en biologisch-dynamische landbouw teelt men zonder kunstmest en bestrijdingsmiddelen. In de biologisch-dynamische landbouw worden bovendien nog extra maatregelen genomen om de levensstructuur te versterken. Je zou kunnen zeggen: de producten krijgen een krachtiger 'identiteit'. Bovengenoemde producten zijn te herkennen aan het Eko-keurmerk voor biologische, en het Demeter-merk voor biologisch-dynamische producten. Vraag er eventueel in de winkel naar, dat kan voor een winkelier reden zijn ze in zijn assortiment op te nemen. In natuurvoedingswinkels zijn deze producten in ieder geval te vinden.

DE OPBOUW VAN DE VOEDING

Goede voeding voor kinderen dient volwaardig te zijn, dat wil zeggen dat zij gezond moet werken op een aantal vitale kanten van het kind. Allereerst zijn de zintuigen bij het eten betrokken: de voeding moet er lekker uitzien en het kind uitnodigen tot ruiken, proeven en kauwen. Verder moet het kind goed op de voeding kunnen groeien, en moet het zich er bij lekker kunnen voelen zonder hangerig of hyperactief te worden. Onze voorkeur gaat uit naar een 'lacto-vegetarische' voeding, samengesteld uit granen, zuivel, groente, fruit, eventueel aangevuld of verrijkt met noten, zaden en linzen (peulvruchten).

Bezien vanuit milieu-oogpunt is een dergelijke voeding veel minder belastend dan de traditionele aardappelen-groenten-vlees-voeding. Daarnaast zijn er ook een aantal andere redenen waarom wij aan een lacto-vegetarische voeding de voorkeur geven. Deze gezichtspunten zullen hieronder kort aan de orde komen.

Granen en aardappels
Zowel granen als aardappels bestaan voornamelijk uit koolhydraten. In principe kun je zeggen dat koolhydraten door planten gevormd worden in hun groene delen. Hoe een plant dat doet is per soort heel verschillend.

Granen hebben licht en warmte nodig om te rijpen, terwijl de aardappel juist giftig kan worden van licht (dat worden de groene plekken aan de aardappel). Voor de mens zijn licht en warmte heel belangrijke, gezondmakende factoren. Vanwege hun sterke relatie met licht en warmte vormen de granen voor de mens een zeer geschikte voeding.

Wanneer je kiest voor een lacto-vegetarische voeding is het belangrijk dat je het kind leert om diverse granen te eten, zowel in de vorm van brood, pap of muesli, als bij de warme maaltijd. We kennen zeven graansoorten: rijst, gierst, haver, tarwe (en spelt), gerst, rogge en maïs. Er zijn graanbewerkingen ontwikkeld die de granen makkelijker verteerbaar maken (bulghur en cous-cous bijvoorbeeld zijn bewerkte tarwekorrels). Van verschillende granen bestaat om deze reden ook een 'thermo-variant', dat wil zeggen dat het graan bij deze bewerking een warmtebehandeling heeft ondergaan. Iedere graansoort heeft z'n eigen specifieke kwaliteit, haver is bijvoorbeeld een vettig en warm graan, gierst is licht verteerbaar en rijk aan kiezel. Zodoende is afwisseling van belang. Welk graan je bij

welke leeftijd kunt geven, staat in het volgende hoofdstuk beschreven.
De aardappel zien wij meer als groente, die af en toe gegeten kan worden, maar niet als basis van de warme maaltijd.

Groenten
Een plant bestaat uit verschillende delen: uit wortels, uit een stengel en bladeren en uit bloemen, vruchten en zaden. In groenten kun je deze delen onderscheiden. Een harmonieuze voeding laat afwisselend of in combinatie deze drie onderdelen van de plant aan bod komen.

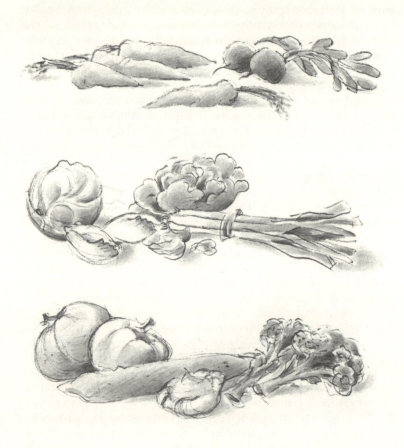

In onderstaand overzicht zijn de groenten geordend naar de verschillende delen van de plant, en ingedeeld op volgorde van verteerbaarheid (van licht naar zwaarder verteerbaar).

Bij het bloem/vrucht/zaadgebied van de plant zijn ook alle soorten fruit, alle granen, zaden en noten onder te brengen. Deze staan in dit groentenoverzicht niet genoemd, maar bij het samenstellen van een evenwichtige maaltijd spelen zij uiteraard een belangrijke rol.

De met een sterretje gemerkte groenten zijn nitraatrijk en kunnen voor kleine kinderen beter niet meer dan twee maal per week op het menu staan. Koop deze groenten zoveel mogelijk van biologische of biologisch-dynamische kwaliteit, dat scheelt in het nitraatgehalte, en gebruik ze altijd vers. Kook ze, met uitzondering van de rode biet, niet te lang, gebruik het kookvocht niet en bewaar geen restjes.

Eet de groenten zo veel mogelijk naar het seizoen; dat is beter voor het milieu en voor de gezondheid, want in de warme kas geteelde groenten bevatten over het algemeen meer nitraat.

wortel	stengel/blad	bloem/vrucht/zaad
wortel	bloemkool	broccoli
pastinaak	*venkel	pompoen
schorseneren	*koolrabi	peultjes
topinamboer	*spinazie	doperwtjes
*rode biet	*andijvie	sperziebonen
knolselderij	witlof	snijbonen
ui	*paksoy	courgette
	*snijbiet	komkommer
	*postelein	tuinbonen
	*raapstelen	
	*bleekselderij	
	*sla (alle soorten)	
	*chinese kool	
	*spitskool	
	zuurkool	
	spruitjes	
	savooiekool	
	boerenkool	
	prei	

Eiwitbronnen
Eiwitrijke voedingsmiddelen zijn granen, zuivel, noten, linzen (peulvruchten), vlees, vis en eieren. In een lacto-vegetarische voeding vormen granen en zuivel de basis, bijvoorbeeld als bruin brood met een beker melk, of gierst met geraspte kaas. Bij de praktische adviezen per leeftijdsfase wordt beschreven hoe zo'n voeding er uit kan zien en hoeveel je per dag kunt geven. Geef het kind niet te veel eiwitrijke voedingsmiddelen; de richtlijn is 300-500 ml melk of andere melkproducten per dag. Een teveel aan eiwit in de voeding betekent voor het kind een overbelasting van de organen. Kwark en kaas zijn erg geconcentreerd en moeten met beleid gebruikt worden.

Zuivel neemt in onze voedingsadviezen een vaste plaats in. Vlees raden wij vooral de eerste levensjaren af. Vlees heeft op kleine kinderen het effect, dat het ze versneld 'wakker' maakt, waardoor het eigen ontwikkelingstempo minder tot z'n recht kan komen.

Wanneer er toch een voorkeur is voor het eten van vlees, kies dan zo mogelijk voor biologisch(-dynamisch) vlees. Je weet dan zeker dat het dier goed voer heeft gehad en niet met hormonen en antibiotica is behandeld.

Vis is veel lichter verteerbaar dan vlees, maar bevat tegenwoordig vaak verontreinigingen. Daarom heeft biologisch gekweekte vis de voorkeur.

Naast zuivel, vlees en vis zijn ook noten, eieren en peulvruchten eiwitrijk.

Noten kunnen fijngemalen of als pasta bijdragen aan de voedingswaarde en de smaak van de maaltijd.

Eieren zijn eigenlijk pas geschikt voor kinderen ouder dan twee jaar. Met name het eigeel is zwaar verteerbaar.

Peulvruchten zijn ook eiwitrijk, maar voor een klein kind te zwaar verteerbaar. Linzen vormen hierop een gunstige uitzondering, alsmede verse peulvruchten (peultjes, doperwten, jonge tuinbonen, sperziebonen), die als groente gegeten kunnen worden.

Soja is, bijvoorbeeld in de vorm van allerlei 'burgers', een bekende 'vervanger' van het vlees op een bord met groenten en aardappels. Soja heeft niet zo onze voorkeur. Soja is een boon die zich erg makkelijk laat 'vervormen'. Zij wordt in enorm veel producten verwerkt en behoudt nauwelijks haar eigen identiteit.

Bij een lacto-vegetarische voeding is een keur van eiwitbronnen met een duidelijk eigen karakter beschikbaar; en dat eigen karakter is een belangrijke eigenschap voor voedingsproducten.

Vetten
Vetten hebben we nodig om de verteerbaarheid van de maaltijd te bevorderen. Kwalitatief goede vetten, zoals melk, roomboter (met mate) en

koudgeperste olie stimuleren de werking van darmen, lever en gal. Ook is gebleken dat de voeding veel beter benut wordt als er iets van vet aanwezig is. De aanwezigheid van vet in de maaltijd maakt deze warmer en voller van smaak. Verder zijn vetten van belang als dragers van in vet oplosbare vitamines A, D en E. Deze vitamines zijn bijvoorbeeld te vinden in volle zuivelproducten (A en D) en in plantaardige oliën (E).

Melk zou zo min mogelijk bewerkt moeten worden, zeker de melk van koeien die in de biologische en BD-landbouw veel bewegingsruimte en goed voer krijgen. Dus liever niet ontromen en homogeniseren (klein maken van de vetbolletjes). Dat laatste gebeurt niet bij melk met het Demeter-merk. Volle melk is (met een maximum van 500 ml) verantwoord in een vegetarische voeding. Daarnaast kan op het brood dun roomboter worden gebruikt. Uit een aantal grote studies is gebleken dat het gebruik van volle zuivelproducten op jonge leeftijd gepaard gaat met minder allergische aandoeningen op wat latere leeftijd. Er zijn steeds meer aanwijzingen dat de kwaliteit van de vetzuren hierbij een belangrijke rol speelt. Die kwaliteit wordt in de zuivel beïnvloed door het type voer dat de koeien krijgen. Weidegang in de zomer en ruwvoer, zoals hooi, in de winter en weinig of geen krachtvoer hebben hierop een gunstige invloed.

Plantaardige vetten zijn te vinden in noten en notenpasta's, in koudgeperste oliën en zaden. Hoog verhitte vetten, zoals gebruikt bij frituren, zijn veel zwaarder verteerbaar en daarom voor kleine kinderen minder geschikt.

Suikers
Wij raden aan om zoetigheid in de voeding zoveel mogelijk te vermijden. Het kind went snel aan de zoete smaak en wil steeds meer zoet.

Om aan de normale menselijke behoefte aan een zoete smaak tegemoet te komen, zijn vruchten heel geschikt. Daarnaast kan er behoefte zijn aan het zoeten van bijvoorbeeld toetjes of gebak. Daarvoor zijn vruchtendiksap, een graanmoutstroop of eventueel wat honing geschikt.

Witte kristalsuiker kan een krachtige werking op kinderen hebben: ze kunnen er hyperactief, agressief of angstig van worden, of er slecht door slapen. Witte, geraffineerde suiker is ontdaan van zijn natuurlijke B-vitamines en mineralen – die in oersuiker (zie de productinformatie op blz. 157) nog wel aanwezig zijn – en verbruikt bij de vertering B-vitamines die het kind elders in zijn lichaam nodig heeft.

Ook wat betreft de 'suikerstofwisseling' in het lichaam is het beter geen witte suiker te gebruiken. Deze suikers beïnvloeden vrij direct het bloedsuikergehalte – wat veel mensen als oppepper ervaren, maar kunnen bij veelvuldig gebruik het bloedsuikergehalte ernstig ontregelen.

Suikers die het lichaam zelf maakt door bijvoorbeeld granen te verteren kunnen het bloedsuikergehalte niet ontregelen. Zij geven niet die directe pep die suikers geven, maar leveren wel, en dan op een evenwichtiger manier, de energie die een mens nodig heeft. In die zin zijn granen, waar nog wat verteringswerk aan verricht moet worden, veel gezonder dan suiker.

Het vermogen om suiker in het lichaam zelf te maken, leert het kind in zijn eerste levensjaren; met granen geef je het daarvoor de gelegenheid.

Het gebruik van kunstmatige zoetstoffen raden we af. Ze houden de 'hang' naar zoetigheid in stand, terwijl ze het verteringsorganisme misleiden en op het verkeerde been zetten.

Vitamines en mineralen
Bij een gevarieerde – bij voorkeur biologische (of biologisch-dynamische) – voeding met een ruime hoeveelheid verse producten hoeft er geen zorg te bestaan over tekorten aan vitaminen en mineralen. Wel is voor voldoende vitamine D in het lichaam ook een bijdrage van zonlicht via de huid noodzakelijk.

Voedselcombinaties
Er gaan soms stemmen op om bepaalde voedselcombinaties te vermijden. Bijvoorbeeld om koolhydraten en eiwitten gescheiden te consumeren, of om een combinatie van koolhydraten en vetten te vermijden. De vertering van bepaalde groepen tegelijk zou moeilijk zijn en de stofwisseling belasten. Zo zouden vruchten en yoghurt niet gecombineerd mogen worden.

Naar onze mening zijn bijvoorbeeld eiwitten en koolhydraten afzonderlijk inderdaad makkelijker te verteren, maar een gezond mens zou in staat moeten zijn om combinaties te verwerken. Een kind moet dus ook leren om combinaties van voedsel te verteren. Gescheiden voeding raden wij bijvoorbeeld aan in geval van ziekte en spijsverteringsstoornissen.

Ook leeft wel de veronderstelling dat een vruchten-zuivelcombinatie af te raden is omdat het de opname van ijzer of vitamine C nadelig zou beïnvloeden. Een feit is dat het zure vitamine C (bijvoorbeeld in vruchtensap) de ijzeropname bevordert, terwijl zuivel deze opname remt, maar hiermee hoeft alleen bij tekorten rekening worden gehouden en niet in een normale, gezonde situatie. Het is goed dat een kind pure smaken leert kennen en dus ook wel fruit apart eet.

Aandacht voor het gebit

Als het kind één jaar is zijn in het algemeen alle snijtanden doorgebroken. Meestal duurt het even voordat de eerste melkkiezen in boven- en onderkaak verschijnen. De volgende tanden die dan te voorschijn komen, zijn de hoektanden. Dit gebeurt vlak voor of na het tweede levensjaar. Als hekkensluiter breekt dan rond de leeftijd van 2½ jaar de laatste melkkies door, en is het melkgebit compleet met twintig tanden en kiezen.

Zowel het moment waarop de eerste tanden van het melkgebit doorbreken als het moment waarop het melkgebit volgroeid is, markeren belangrijke ontwikkelingsfasen. Met het doorbreken van de eerste melktanden verandert de mondholte, en ook de tong ontwikkelt zich om de slikbeweging te kunnen maken die hoort bij vaster voedsel; daarmee kondigt zich in wezen het loslaten van de moederborst of – indien van toepassing – van de flesspeen aan. Van de tong wordt meer zintuiglijke activiteit gevraagd: proeven, aftasten, waarnemen. De tong is mede verantwoordelijk voor de ontwikkeling van een harmonische vorm van de tandbogen.

Het voltooien van het melkgebit gebeurt in een fase waarin het kind zichzelf 'ik' gaat noemen. Op deze leeftijd kan het ook bewust spoelen en slikken en daarmee écht gaan tandenpoetsen.

AFWIJKINGEN

Mogelijke afwijkingen en ontwikkelingsstoornissen in het gebit worden zichtbaar als het melkgebit voltooid is. Enkele hiervan zullen we kort bespreken.
- Er kunnen oppervlakbeschadigingen op het glazuur voorkomen in de vorm van vlekjes of putjes. Deze vinden hun oorsprong in de zwangerschap, als gevolg van bijvoorbeeld het gebruik van antibiotica. Ook emotioneel ingrijpende gebeurtenissen tijdens de zwangerschap kunnen de normale gebitsvorming verstoren. Dit uit zich alleen in het melkgebit, omdat het blijvende gebit zich pas na de geboorte ontwikkelt.
Een gestoorde glazuurvorming betekent niet noodzakelijkerwijs een zwakke of kwetsbare plek. Goed schoonhouden is meestal voldoende om aantasting te voorkomen. In twijfelgevallen kan de tandarts een beschermlaag aanbrengen.
- Diepe groeven in de kiezen komen tegenwoordig veel voor. In deze groeven is de glazuurlaag dun, of ontbreekt zelfs gedeeltelijk, zodat hier gemakkelijk tandplak blijft zitten en cariës kan ontstaan. Tegenwoordig kan dit zeer goed preventief behandeld worden door deze groeven op te vullen met een lak.
- Ook standsafwijkingen van het melkgebit komen tegenwoordig veelvuldig voor. Normaal gesproken vormen de tandbogen van het melkgebit een mooie halve cirkel met kleine ruimtes tussen de gebitsele-

menten. Onder- en boventanden horen met dichtbijten precies op elkaar aan te sluiten, waarbij de boventanden iets over de ondertanden heen vallen.

Standsafwijkingen kunnen het gevolg zijn van een verkeerde slikgewoonte, ontstaan door bijvoorbeeld een fopspeen. Aangezien tijdens het slikken de mond vacuüm gezogen wordt, ontstaan er flinke krachten, die gemakkelijk een 'open beet', waarbij de kaken niet goed op elkaar sluiten, kunnen veroorzaken. Verkeerde slikgewoonten en een open beet zijn zeer hardnekkig en moeilijk corrigeerbaar.

- Standsafwijkingen blijken samen te gaan met een niet harmonisch verlopende motorische ontwikkeling. Als dit vroegtijdig gesignaleerd wordt, en daarbij kunnen zowel ouders als het consultatiebureau een belangrijke rol vervullen, kan er nog veel aan gedaan worden.

Poetsen

Vanaf het doorbreken van de eerste tandjes kan het wennen aan het poetsen van de tandjes beginnen. Veel kinderen hebben moeite met het meteen laten poetsen van hun eerste tanden en kiezen. De mond is tot de leeftijd van 2½ - 3 jaar (tot het volledige melkgebit is doorgebroken) nog zeer onderworpen aan reflexen. Daardoor sluiten ze de mond, knijpen hun wangen en lippen samen, of duwen met hun tong de borstel uit de mond.

Als het poetsen nog niet lukt, controleer het gebit dan wel op tandplak; dit vormt zich het eerst op de overgang van tandvlees naar tanden en kiezen. Plak is te herkennen als een zacht wit laagje, dat er makkelijk af te halen is. De tandplak kan verwijderd worden met een gaasje of door voorzichtig te poetsen.

Tanderosie kan ontstaan door het poetsen direct na het nuttigen van diksap of fruit. Het glazuur is dan zacht en kan worden weggepoetst. Beter is om direct daarna wat water te drinken of te spoelen en pas na een uur te poetsen.

Een aantal tips voor het tandenpoetsen:
- Een goede inleiding om met tandenpoetsen te beginnen is het kind bij het tandenpoetsen van de ouders te laten zijn. Spelenderwijs wordt het kind dan met de gewoonte van het tandenpoetsen vertrouwd gemaakt.
- Het is goed het kind al vroeg een eigen borstel te geven, ook al wordt er nog uitsluitend op gekauwd of gesabbeld. Zorg ervoor dat het kind niet met de borstel in de mond gaat lopen: levensgevaarlijke verwondingen kunnen het gevolg zijn als het kind valt of zich stoot!

- Als het kind de borstel in de mond verdraagt, dan kun je beginnen met tandenpoetsen. Dit kan het beste gebeuren met de schrobmethode: beweeg de borstel op de kauwvlakken van de kiezen van voor naar achter en kantel de borstel beurtelings naar binnen en naar buiten, respectievelijk naar tong en wangzijde. De tanden kunnen het beste op elkaar gezet worden en horizontaal geborsteld worden.
- Gebruik een kleine zachte borstel (peuterborstel) van bij voorkeur nylon. Zolang er nog niet gespoeld kan worden, is het raadzaam om zeer spaarzaam met tandpasta te zijn en in het begin alleen met water te poetsen. Een groot gedeelte van de tandpasta wordt door kinderen doorgeslikt. Vooral de de basisbestanddelen van tandpasta's kunnen beter niet in het maag-darmkanaal terechtkomen. Weleda tandpasta vormt hierop een uitzondering. Tandpasta nodigt kinderen die net leren poetsen eerder uit tot snoepen van de borstel dan tot degelijk poetsen.
- Bed het tandenpoetsen in in een vast ritueel, dat scheelt een boel verzet.
- Ook als het kind wel goed kan spoelen, is het raadzaam spaarzaam met tandpasta te zijn: een hoeveelheid van een kleine doperwt is voldoende.
- Poets de tanden van een kind dat zelf wil poetsen in ieder geval ná. Dit 'na-poetsen' kan worden voortgezet tot ongeveer het 10e jaar; poetsen is een motorisch moeilijke beweging, waarvoor ook niet altijd voldoende aandacht en geduld wordt opgebracht.
- Sommige kinderen duwen reflexmatig de borstel de mond uit, zodat vaak de onderkiezen, vooral aan de tongzijde, niet goed gereinigd worden. Zet in dat geval de borstel dwars op de tandboog en poets zo van voor naar achter. Plaats het kind bij het poetsen op gelijke ooghoogte, of leg het hoofd op de linkerarm, zodat de mond goed toegankelijk wordt. Een nadeel daarvan is dat er makkelijk speeksel in de keel komt, wat de slikreflex oproept.
- Voor de bovenkaak verdient het aanbeveling om, gezien het patroon van de groeven, de achterste kiezen ook vanaf de tegenoverliggende zijde te poetsen, diagonaal de mond door.

Fluor

Het standaardadvies is om vanaf het doorkomen van de eerste tanden en kiezen deze tweemaal per dag met gefluorideerde peutertandpasta te poetsen, om zo de glazuurvorming op de tanden positief te beïnvloeden.
Fluor is een zeer reactief element; het heeft het vermogen om alle enzymreacties te beïnvloeden. Individueel wordt zeer verschillend op

fluor gereageerd: de tolerantie kan nogal uiteenlopen. Mede hierom vinden wij het standaardadvies eenzijdig en pleiten wij ervoor dat individueel gekeken wordt of een kind fluor in de vorm van tandpasta nodig heeft.

Ook op het gebied van de voeding kan veel voor een gezonde gebitsontwikkeling van een opgroeiend kind gedaan worden. Bij de gebitsvorming spelen naast fluor nog een aantal elementen een belangrijke rol, namelijk magnesium, calcium, fosfor en kiezel. Er bestaat een onderling fysiologisch evenwicht tussen deze stoffen. Met een goede voeding, waarin een gevarieerd aanbod van (volkoren)granen en bladgroenten, is het mogelijk substantieel voldoende van alle bouwstoffen aan te leveren. Niet-koolzuurhoudend mineraalwater van bijvoorbeeld het merk Bar-le-Duc bevat de voor het gebit belangrijke mineralen fluor, magnesium en calcium.

Alleen wanneer daartoe werkelijk aanleiding bestaat omdat het melkgebit bedreigd wordt door cariës, kan gepoetst worden met een peutertandpasta met een laag fluorgehalte. Zie erop toe dat er niets wordt doorgeslikt.

Voor de opname van fluor uit de voeding is de aanwezigheid van kiezel bevorderend, bijvoorbeeld uit gerst, haver en noten.

Suiker

In het hoofdstuk over de voeding is al ingegaan op suiker, waarbij beschreven is dat vanuit voedingsoogpunt bezien het gebruik van suiker niet noodzakelijk is. Kijkend naar de ontwikkeling van het gebit is suiker een zeer ongewenst element in de voeding. In de mond wordt suiker door de daar aanwezige bacteriën omgezet in zuren en tandplak, die de zuurvorming nog verlengt. Afhankelijk van de speekselsamenstelling kan de inwerking van zuren 30 tot 45 minuten duren. Herhaalde inname van suiker of suikerhoudende dranken, broodbeleg (waaronder honing) en koekjes kan dus een constante aanwezigheid van zuren in de mond veroorzaken, waardoor cariës in de hand gewerkt wordt. Het is goed om te bedenken dat ook de vruchten(dik)sappen een hoge suikerconcentratie bevatten, met daarnaast veel vruchtenzuren. De werkelijk gezonde dranken zijn (mineraal)water, vruchten/bloesemthee en vers vruchten- en groentensap.

Om toch op een verantwoorde wijze tegemoet te komen aan de zoetbehoefte van een kind is het goed om het kind grenzen voor wat betreft de hoeveelheid zoet aan te leren. Een duidelijke regel kan zijn: één boterham met zoet per dag (en het kind bijvoorbeeld daarna meteen laten poetsen of ter neutralisatie een stuk kaas laten eten) en één keer per dag iets zoets, bijvoorbeeld een snoepje of een dropje.

HET EERSTE GAATJE

Ondanks de goede verzorging en aandacht kan er toch een aantasting van het glazuur ontstaan. Onder normale omstandigheden gebeurt dit zelden voor het derde levensjaar. Met de huidige moderne materialen en technieken is het veelal mogelijk dat de tandarts deze aantasting zonder 'boor', al dan niet met een voorlopige vulling behandelt, zodat het niet meteen een traumatische ingreep hoeft te zijn.

Of een kind cariës krijgt is, naast alle bekende oorzaken en invloeden, per kind verschillend. Net als bij kinderziekten hangt dat af van de vatbaarheid. Hierbij speelt de kwaliteit van het speeksel een grote rol. Deze kwaliteit wordt beïnvloed door hoe een kind in zijn vel zit, de hoeveelheid zintuiglijke indrukken die het te verwerken krijgt en de mate waarin het intellectueel belast wordt.

Een vorm van cariës die op zeer jonge leeftijd en soms meteen na de doorbraak van tanden of kiezen kan plaatsvinden, is de 'zuigflescariës'. Deze ontstaat vanuit de gewoonte om het kind, als zoethoudertje, veelvuldig een zuigfles met melk, al dan niet verdund vruchtensap of gezoete thee aan te bieden. Ter vergelijking: een speen gedoopt in honing, bij wijze van slaapmiddel, heeft dezelfde verwoestende uitwerking. Vooral 's nachts werken dit soort flesjes zeer agressief vanwege de sterk verminderde speekselproductie!

VOOR HET EERST NAAR DE TANDARTS

Pas vanaf de leeftijd van 2½–3 jaar is het kind in staat te begrijpen wat de bedoeling is van een gebitscontrole; dan wil het meestal ook wel (voorlopig op schoot) in de stoel plaatsnemen en het gebit laten controleren. Het helpt als het kind al eerder vertrouwd is gemaakt met de ruimte en de tandarts, door het mee te nemen bij een gebitscontrole van de ouders.

Kinderlijke seksualiteit

Voor een kind is het van belang dat het zijn lichaam van top tot teen kan leren kennen, en daar horen ook de geslachtsorganen bij. Een kind heeft niet hetzelfde bewustzijn van seksualiteit als de volwassene. Het kind is in de kindertijd op zichzelf gericht en bezig met simpele maar essentiële lichaamservaringen. In de puberteit komt pas als teken van biologische rijpheid de seksuele geaardheid vrij die zich gaat richten op een ander, een partner.

Lichamelijk contact met kinderen hebben we als ouders het meest in de vroegste kinderfase: in alle verzorgende handelingen, in het dragen van je kind op de arm, het op schoot nemen, het knuffelen en de aai over de bol. Per kind is het verschillend hoe groot de behoefte aan lichamelijke nabijheid is, en deze behoefte verandert ook als het kind groter wordt. Vaak hebben ook grote kinderen nog steeds een verlangen naar lichamelijk contact en tonen ze dit door te willen vechten, duwen en stoeien, maar ze vinden het ook heerlijk om af en toe te knuffelen of op schoot genomen te worden.

Uit de praktijk blijkt dat schaamtegevoelens meestal voor het eerst tussen het derde en vierde levensjaar optrden. Voor die tijd vinden de meeste kinderen het lekker om zonder luierpakje te kruipen en in hun blootje rond te lopen. Het geeft een gevoel van vrijheid en biedt de gelegenheid om zichzelf te ontdekken.

Hoe gewoner met naaktheid wordt omgegaan, hoe meer een kind er een onbelaste en onschuldige verhouding toe kan ontwikkelen. Daarbij helpt het als het heel gewoon is als ouders, zusjes en broertjes elkaar bloot zien, bijvoorbeeld in de badkamer.

Als een kind zich gaat schamen, en voor íeder kind komt dat moment, dan is dat een objectieve ervaring, los van de normering van buitenaf. In die zin is het goed deze gevoelens te respecteren. Ook een kusje van een lieve tante, het op schoot zitten bij oom-lief, kunnen gebeurtenissen zijn waar het kind gêne voor gaat voelen. Als het kind dat aangeeft, dan moet dat natuurlijk serieus genomen worden.

Kinderen strelen zichzelf soms voor het slapen gaan of op andere momenten van de dag. Meisjes wippen graag op hun buikje of klemmen een beer tussen hun benen en jongens spelen met hun plasser. Het geeft hun een aangenaam gevoel. Het kan natuurlijk gebeuren dat je kind het op een wat minder geschikt moment doet, bijvoorbeeld als er bezoek is. Neem het kind in zo'n situatie in bescherming, omdat het nog niet weet hoe andere mensen hier tegenaan kijken. Door je kind op te pakken en te knuffelen of door het af te leiden help je hem en jezelf uit deze situatie.

Tot twee jaar zien kinderen meestal het verschil tussen man en vrouw nog niet bewust, het lijkt of ze dóór de anatomische verschijning heen kijken en je vooral als 'papa' of 'mama' ervaren. Het moment dat ze het onderscheid wel gaan maken, valt meestal samen met het zindelijk worden (2 à 3 jaar): jongetjes plassen nu eenmaal anders dan meisjes.

Op de leeftijd van 3 à 4 jaar gaan kinderen vaak 'doktertje spelen'. Dit gebeurt vooral vanuit de nabootsing, want de dokter hebben ze inmiddels al een paar keer in hun leven ontmoet. De zorg en de toewijding waar-

mee ze bijvoorbeeld naar de longetjes luisteren of buikjes bekloppen in hun spel laat zien dat ze naast het blote van het lijfje ook de voorzichtigheid ervoor ervaren hebben. Als je als ouder mag meedoen in het spel, is dat zeker een element waar je aandacht aan kunt schenken.
Er gelden twee onverbiddelijke regels bij doktertje spelen. De eerste is dat nooit spelden of anderen voorwerpen in de geslachtsopeningen of anus ingebracht mogen worden. En de tweede regel is dat als een kind aangeeft iets niet te willen (bijvoorbeeld patiëntje zijn), dat ook gerespecteerd moet worden door de andere kinderen. Misschien dat de beer dan in zijn/haar plaats wel wil.

Als je vindt dat het spel te eenzijdig wordt en alleen maar draait om de geslachtsorganen, kun je het wellicht verbreden door rollen verband en een mitella in het spel in te brengen, zodat ook gebroken benen en armen bij het doktertje spelen gaan horen.

Op dezelfde leeftijd beleven kinderen pret aan het uitspreken van vieze woorden. Meestal begint dat met 'pies' en 'poep', maar algauw wordt het taalgebruik woester en moeten ze er verschrikkelijk om giechelen. Ze pikken het op van de crèche, van de straat of van een grotere broer of zus. Het is een kunst om het midden te vinden tussen te veel of te weinig aandacht. Meestal is negeren voldoende, maar ook overdrijven kan helpen, door bijvoorbeeld vijf minuten met z'n allen vieze woorden te zeggen.

Er komen natuurlijk ook vragen op over 'waar komt het baby'tje vandaan?' In de hedendaagse seksuele voorlichting krijgen kinderen vaak een 'eerlijk' volwassen antwoord, maar daar zit dan een oneerlijkheid in ten aanzien van het bevattings- en gevoelsvermogen van het kind. Een kind heeft weinig aan een technisch verhaal; het voelt zich meer begrepen door het vertellen van een beeldend verhaal. Het oude vertrouwde beeld van de ooievaar is in deze zin helemaal zo gek nog niet. Dat verhaalt ons dat de ooievaar uit een ver land komt (kosmos, hemel) vliegen, langs weidse luchten en met een ruisende wiekslag, om op deze plek een nest te zoeken (het huis van het kind) en een kindje te brengen. Andere ouders spreken over 'God' en 'hemel' of vertellen over het kindje dat onder het hart van de moeder groeit. Ook het beeld van de regenboog waarover het nieuwe broertje of zusje gekomen is, wordt wel gebruikt.

Het spreekt voor zichzelf dat de mate en de manier van voorlichting rijpt met de leeftijd van het kind. Als je wilt spreken over de spirituele kanten van het leven dan kan dat alleen als je zelf ook het gevoel hebt dat er méér onder de zon is dan zich zo op het eerste gezicht aan je voordoet.

Hoe het gevoel van het kind naar andere mensen toe zich zal ontwik-

kelen, zal mede afhangen van hoe je als ouders met elkaar omgaat. Als dat oprecht is en ook warm, en als dat ook geuit wordt door bijvoorbeeld even te knuffelen, dan kan het kind gaan vermoeden en ervaren hoe belangrijk een ander mens in het leven kan zijn.
Dat kinderen relaties anders beleven dan wij hoor je uit hun gesprekken. Ze vragen bijvoorbeeld over een vriendin van de moeder of 'die ook een vader heeft?' en ze bedoelen dan of die ook een 'man' heeft. Of je hoort ze zeggen dat ze met bijvoorbeeld 'papa' willen trouwen. Meestal volgt daarop 'dan gaan we in dit huis wonen en dan mag mama er ook bij en het zusje en het broertje ook'. Het lijkt erop dat kinderen 'trouwen' en 'huis' en 'gezamenlijk wonen' symbolisch opvatten. Hun belevenis reikt ver boven het alledaagse uit.

We hebben veel positiefs gezegd over de kracht van gezond lichamelijk contact, maar er zijn ook schaduwkanten, namelijk die van seksueel misbruik, meer nog begaan door mensen uit de directe omgeving dan door de beruchte 'vreemde mannen'. Wat dit laatste betreft is het een goede leefregel dat je je kind al vroeg de gewoonte aanleert om eerst te komen vragen of het goed is als het met iemand meegaat, ook als het om een vriendje of vriendinnetje gaat. Daarmee leert het kind dat het nooit zomaar met iemand moet meegaan, en zelf weet je tenminste waar je kind is.

Zindelijk worden

Zindelijk worden is een natuurlijke, maar ook een noodzakelijke fase in de ontwikkeling. Je kunt zelfs zeggen dat het een mijlpaal is in de peutertijd, mede omdat het kind het zelf zal moeten doen. Ouders kunnen daarbij helpen door de goede voorwaarden te scheppen en het hele proces positief te ondersteunen.
Vanaf ongeveer anderhalf jaar is het zenuwstelsel van een kind zover ontwikkeld, dat het kind in principe in staat is de sluitspieren van blaas en anus te beheersen. Tussen hun tweede en derde verjaardag worden de meeste kinderen dan ook zindelijk, tenminste overdag.
Het proces van zindelijk worden begint bij een vaag besef dat er beneden in het lijf iets gebeurd is, vervolgens merkt het kind dát er iets gebeurt, en daarna gaat het bewust voelen dat er iets gáát gebeuren. De laatste stap is dan het leren uitstellen van die aandrang tot de po of de wc bereikt is. Sommige kinderen leren dit binnen een paar dagen, bij andere kinderen kan dit weken tot maanden in beslag nemen.
Hoe meer je wilt dat je kind zindelijk wordt en die wil ook opdringt aan

je kind, des te groter is de kans dat het in verzet komt en niet wil. Dit betekent niet dat je niets moet doen uit angst voor verzet.

Je kunt ook rond de zindelijkheid een aantal goede gewoonten opbouwen, waardoor je een sfeer creëert waarin het kind bereid is om mee te werken.

Maak bijvoorbeeld het op de po of naar de wc gaan tot een vaste gewoonte zonder veel ophef of nadruk. Reageer ook in die sfeer op het resultaat in de po, of juist op het uitblijven daarvan. Zindelijkheid moet tot de gewone zaken van het leven gaan behoren; aan de reacties van de omgeving zou dat ook voor het kind voelbaar moeten worden. Zowel overdreven prijzen of belonen, als boos worden en straffen passen daar niet bij, evenmin als een overdreven reactie op bijvoorbeeld de stank van de poepluier.

Maak er een goede gewoonte van om een poepluier direct te verschonen. Daarmee stel je zelf een 'zindelijke daad', die mogelijk als voorbeeld kan dienen.

Peuters zijn zeer geïnteresseerd in wat je zelf op het toilet aan het doen bent. Ook hier kun je van het vermogen tot nabootsen gebruik maken. Laat vooral je eigen productie zien. Dan is het voor het kind duidelijk dat het een proces is dat je als ouder ook doormaakt, wat de nabootsing versterkt.

Er zijn verschillende manieren waarop je je kind kunt helpen zindelijk te worden. Welke manier het wordt, is afhankelijk van zowel het kind als de ouders. Iedereen moet daarin zijn eigen weg zien te vinden, er is niet één 'goede' methode!

Als een kind de eerste tekenen geeft dat het iets merkt beneden in zijn lichaam, door er bijvoorbeeld iets van te zeggen, door opeens op de po of op de wc te willen, of door te gaan wiebelen of naar de broek te grijpen, dan is het altijd aan te raden hierop te reageren en er de tijd voor te nemen. Door in zo'n geval steeds de po aan te bieden of met het kind mee te gaan naar de wc, worden de eerste kansen in ieder geval niet gemist; een aantal kinderen reageert daar direct goed op.

Is dat niet het geval, dan zijn er verschillende mogelijkheden:
- Wachten tot het volgende duidelijke teken zich voordoet.
- Het kind op vaste tijden op de po te zetten of mee naar de wc te nemen. Geschikte tijden – waarop de kans het grootst is dat er wat opgevangen wordt – zijn na het eten en na het slapen. Laat het kind niet te lang (vijf minuten is lang genoeg) en niet te vaak op de po zitten. Kijk of het kind prijs stelt op gezelschap tijdens het po-ritueel, of juist niet.
- Wachten op mooi zomerweer en dan een periode van bijvoorbeeld veertien dagen consequent overdag de luier uitlaten. Doordat er opeens een plas langs de benen sijpelt, merken de meeste kinderen al

snel dat dat natte gevoel te maken heeft met de plas die ze doen. Een po, of de wc moet wel in de buurt zijn om de volgende fase in dit proces, namelijk het voelen aankomen van de plas of de poep, te honoreren. Heeft dit beleid na twee weken geen enkel effect, ga dan weer gewoon over op luiers, en probeer het na een tijdje opnieuw.

Kies een goed moment om met de po te beginnen en de luier uit te laten. Begin niet als er drukke feestdagen aankomen of als er een nieuw broertje of zusje op komst is of net gekomen is.

Mogelijk draagt het gebruik van papieren luiers bij aan het laat op gang komen van het zindelijk worden. Het perfecte drooghoudlaagje voorkomt dat het kind voelt wat er in de luier gebeurt. Katoenen luiers zijn wat dat betreft, en uiteraard ook wat betreft het milieu, beter dan wegwerpluiers.

Po of wc?

Een stevige po die stabiel staat kan een goed hulpmiddel zijn bij het zindelijk worden. Als de po ergens in het tweede levensjaar in huis gehaald wordt, kan het kind er vast aan wennen. Een aantal kinderen gaat liever van meet af aan naar de wc. Dat is niet zo verwonderlijk; in onze tijd wordt verder niet meer van een po gebruik gemaakt, en daarmee is het gebruik van een po ook veel minder vanzelfsprekend voor kinderen dan vroeger, toen de beddepan voor volwassenen heel gewoon was.

Bij de wc is het wel handig om gebruik te maken van een aantal hulpmiddelen. Een wc-brilverkleiner maakt dat het kind niet bang hoeft te zijn in de wc te zakken; een opstapje zorgt ervoor dat het kind zelf kan gaan zitten. Voor een goede hygiëne in de wc verdient het aanbeveling om jongetjes te leren zittend te plassen. Voor de meisjes is dat wel zo prettig!

Terugval

Veel kinderen die echt zindelijk zijn laten daarin een terugval zien als er spannende dingen gebeuren. Een broertje of zusje erbij, een keertje uit logeren, een verhuizing of de Sinterklaastijd kunnen allemaal aanleidingen zijn. Vasthouden aan vertrouwde gewoonten en van de zindelijkheid verder geen punt maken werkt meestal het beste. Ook ziekte of hangerig zijn, koude voeten en te koud gekleed zijn, kunnen de boel in de war sturen; daar is gelukkig vaak wat aan te doen.

Verstopping kan problemen geven als het kind daardoor pijn krijgt bij

het poepen. Soms zie je dan sporen van ontlasting in het ondergoed; dit kan erop duiden dat de darmen overvol zitten en het kind de ontlasting ophoudt. Zorg ervoor dat de voeding niet stoppend is (geen witbrood, witte rijst, enzovoort) geef voldoende te drinken, en voeg zo nodig wat extra sinaasappelsap, geweekte pruimen of iets anders laxerends toe aan de voeding. Help het kind rustig de tijd te nemen om naar de wc te gaan. Neem zonodig contact op met de huisarts.

Probeer in het gewone leven niet té veel accent te leggen op schoon, omdat ontlasting ophouden kan samenhangen met het overdreven vies vinden van poep en alles wat daarmee samenhangt. Soms helpt het om het kind te laten ervaren hoe leuk vies kan zijn, door het bijvoorbeeld met zand en water te laten spelen.

Ongelukjes gebeuren meestal als de nieuwigheid van het zindelijk worden eraf is en het kind zó in zijn spel opgaat, dat het de signalen te laat voelt. Terloops helpen herinneren, of het kind naar de wc brengen en aanmoedigen, helpt vaak goed.

Kinderkleding

Hoe je je kind aankleedt is uiteraard een individuele zaak. De persoonlijke smaak van de ouders, het wel of niet zelf kunnen maken van kleertjes en de financiële mogelijkheden spelen hierbij een grote rol. In het onderstaande willen wij een aantal gezichtspunten geven die medebepalend kunnen zijn voor de keuze. Het verzorgen van een goede warmteomhulling van het kind en het gebruik maken van zoveel mogelijk natuurlijke materialen zijn daarbij voor ons de belangrijkste aandachtspunten.

DE WARMTEHUISHOUDING

De lichaamstemperatuur van een baby wordt direct beïnvloed door de hoeveelheid kleertjes of dekentjes die hij om zich heen heeft. Als het er te veel zijn, dan krijgt de baby het te warm en loopt de temperatuur op. Als het er te weinig zijn, dan koelt het kind te veel af.

Een peuter reageert niet meer zo direct met zijn lichaamstemperatuur op warmte- of koude-invloeden van buitenaf, wat een teken is dat de warmtehuishouding van het kind al wat zelfstandiger is geworden. Bij een peuter hoeven we dus niet meer zó voorzichtig te zijn als bij een baby, maar we moeten er wel rekening mee houden dat een peuter nog steeds veel sneller afkoelt dan een volwassene. De kleding van een peuter moet daarom in het algemeen iets warmer zijn dan die van een volwassene, zeker omdat een kind in deze leeftijd nog veel op de grond speelt. Verder is het een zaak van goed opletten wat het kind nodig heeft. Zelf heeft het dat besef nog niet.

Voor de warmtehuishouding van een kind is het van belang dat heel het lichaam, tot en met de voeten, lekker warm aanvoelt. Als een kind vaak koude voeten heeft, of bijvoorbeeld veel zweet, is dat een punt dat op het consultatiebureau besproken kan worden.

DE MATERIAALKEUZE

Bij het goed verzorgen en ondersteunen van de warmtehuishouding is het materiaal waarvan de kleding is vervaardigd van belang. Wij adviseren om zo veel mogelijk gebruik te maken van kleding gemaakt van natuurlijke en zo min mogelijk voorbehandelde grondstoffen zoals wol, zijde of katoen. Dit is vooral van belang bij kleding die direct op de huid gedragen wordt. Wollen en zijden ondergoed is duur, maar uiterst duurzaam in het gebruik. Zeker geldt dit als de wol en zijde goed behandeld worden door de kleding regelmatig te luchten en op de hand te wassen met een goed wolwasmiddel.

ADVIEZEN EN TIPS

Ondergoed
Wij raden aan het kind een wollen hemd te laten dragen en alleen op echt warme dagen ondergoed van katoen of zijde. Het wollen ondergoed van tegenwoordig is gemaakt van zacht tricot en kriebelt niet meer zo als de zelfgebreide lijfjes en hemdjes van vroeger. De ervaring leert dat kinderen die van zuigeling af aan warm ondergoed hebben gedragen, op wat oudere leeftijd (vanaf zeven jaar) heel goed aanvoelen of ze het koud of warm hebben, en dat goed weten te verwoorden. Als een kind van drie jaar voor het eerst een wollen hemd aankrijgt, dan vindt het dit aanvankelijk veel te warm. Het duurt even voordat het kind een gevoel krijgt voor nuances van warmte en koude. Je kunt dan bijvoorbeeld beginnen met het kind een wollen hemd over het katoenen hemd te laten dragen, of het eventueel een zijden hemd te geven.

Naast een wollen hemd kan ook een wollen broek, die over de luier of de gewone onderbroek gedragen wordt, het peuterlijfje goed warm houden. Bij het zindelijk worden is zo'n wollen overbroek ideaal, want deze kan het vocht goed opnemen. Na een ongelukje voelt de stof niet zo kletsnat aan, wat voor kinderen die in principe al zindelijk zijn een voordeel is, zeker in de winter. Ook voor meisjes is het aan te bevelen een wollen overbroekje te dragen. Blaasontstekingen zijn hier meestal mee te voorkomen.

's Nachts
De trappelzak die het kind in het eerste levensjaar droeg kan, als het kind zich daar fijn in voelt, nog lang gedragen worden, mits hij in de lengte steeds aangepast wordt. Het kind blijft hierin heerlijk warm, ook als het de dekens van zich af schopt.

Bovenkleding
Bovenkleding moet het kind vooral tegen vocht en koude beschermen. Zij mag niet stijf en zwaar zijn, omdat het kind zich er goed in moet kunnen bewegen.

Broeken zakken gewoonlijk af, omdat de hele gestalte van het kleine kind nog rond is en het kind nog geen taille heeft (die verschijnt pas rond het vijfde of zesde levensjaar). Meestal zie je het hemd en T-shirt uit de

broek piepen. Broeken met elastiek of bretels zijn een goede oplossing. Ook de wijde, zogenoemde clownspakken en tuinbroeken zorgen voor voldoende warmte en bewegingsvrijheid.
Een vest is handig en praktisch om steeds bij de hand te hebben. Een kind kan het bovendien al jong zelf uitdoen als het nodig is.
Dunne wollen of katoenen truien dragen prettig, maar voor veel kinderen is het een benauwenis als ze moeilijk over het hoofd te krijgen zijn. Soms is de oplossing een zijnaad aan de hals los te tornen en daar een knoopje met een lusje te bevestigen.

Feestelijke kleding kan een feest een extra dimensie geven. Het is geweldig voor het kind om 's morgens op een feestdag een jurkje of een nieuwe broek aan te mogen trekken die al enkele dagen aan een kleerhangertje aan de kast heeft gehangen. Feesten brengen een verwachtingsvolle stemming met zich mee. Alles is een beetje anders, het eten, de mensen, en daar passen ook de kleren bij. Kinderen kunnen daar intens van genieten, en later zijn dat vaak dierbare herinneringen.

Bij een speciale klus hoort vaak speciale kleding; niet voor niets dat de boer, de bakker, de conducteur, kaasboer, de postbode en de monteur er allemaal 'anders' uitzien.
Zeker op de leeftijd waarop het kind zijn ogen uitkijkt bij de verschillende activiteiten en ze daarna nabootst, is werkkleding erg handig. Bovendien werkt het vaak ordenend: in de keuken – schort aan, klaar met werken – schort uit.

Buiten
In de winter kan, naast een warme jas, ook een skipak goede diensten bewijzen. Een regenbroek, met galgen of bretels over een gewone lange broek, is ideaal als het gras nog vochtig is of als het zand in de zandbak nat is. In de winter is de muts een onmisbaar attribuut, in de zomer een zonnepet of een hoedje met klep of rand, zodat het kind zelf de zon uit het gezicht kan houden. Vooral op het strand is dat belangrijk.
Op de fiets vangen kinderen vaak meer wind dan je denkt. Zelf ben je in beweging, maar je kind zit stil. Daarom is een rieten fietsmand achterop aan te bevelen, zodat het kind uit de wind zit. Voorop kan een windscherm goede diensten bewijzen.

Kleren kopen
Kleren kopen zonder kinderen is meestal plezieriger dan mét. Zelf heb je alle tijd en onverdeelde aandacht om uit te zoeken wat past bij jouw kind.

Dat kinderen werkelijk uit de veelheid van het aanbod van kleding iets kunnen kiezen, komt pas in een veel latere leeftijdsfase aan de orde. Bij het kledingaanbod in winkels valt op dat de kinderkleding de mode voor volwassenen op de voet volgt, terwijl kleine kinderen nog in een heel andere wereld leven. Of, zoals Annie M.G. Schmidt zei: 'Dat is het land waar grote mensen wonen... je hoeft er nog niet in.'
Als je er plezier in hebt, kun je natuurlijk ook zelf kleding maken.

Schoenen

Schoenen werken fascinerend op kleine kinderen. Nieuwe schoenen worden voortdurend bewonderd, en heel wat meisjes en jongetjes lopen graag weg in de schoenen met hoge hakken van moeder of de werkschoenen of klompen van vader.

Bij de aanschaf van schoenen is het belangrijk om op de volgende punten te letten:
- Koop pas echte schoenen voor het kind als het goed kan lopen. Bij de eerste loopoefeningen zitten schoenen eerder in de weg dan dat ze een hulp zijn.
- Voeten moeten onbelemmerd kunnen bewegen en goed kunnen buigen en strekken. Bij het staan en het lopen worden de tenen gebruikt om het evenwicht te bewaren. Daarom moet een schoen van soepel, buigzaam leer gemaakt zijn.
- Laat beide voetjes in lengte én breedte opmeten (elke drie maanden moeten ze nagemeten worden), zodat zowel lengte- als breedtemaat kloppen. Er moet voldoende ruimte zijn voor de tenen.
- Koop schoenen zo mogelijk zónder voorgevormd voetbed, zodat de voet zich vrij en op zijn eigen manier kan ontwikkelen. Er gaan steeds meer geluiden op dat het als gezond gepropageerde voetbed op den duur voor veel problemen zorgt, waaronder houdingsproblemen.
- Schoenen met veters blijven beter in model dan klittenbandschoenen.

Voor het ontwikkelen van de voetspieren is het aan te raden het kind afwisselend op schoenen, klompen, sandalen, pantoffeltjes en blote voeten te laten lopen. Vooral bij echt mooi weer, wanneer het gras, het zand of het grint zijn opgewarmd door de zon, heeft het kind uitgebreid de kans om op blote voeten te lopen.
Verder dragen kinderen in ons klimaat vooral dichte schoenen. Beperk het dragen van laarzen tot nat weer, omdat de voeten in laarzen niet kunnen ademen. In de zomer zijn sandalen met een gesloten hiel, een brede

band of kruisband op de voorvoet uitermate geschikt. Gymschoenen zijn niet geschikt vanwege de slechte pasvorm. Verder zijn ze in de winter te koud, en in de zomer kunnen de voeten er nauwelijks in ademen, afgezien dan van katoenen gymschoenen.

Sokken en pantoffels
Warme wollen sokken, maillots en pantoffels houden de kindervoeten, -benen én -dijen goed warm. Een sok moet groot genoeg zijn, zowel in de lengte als in de breedte, zodat de tenen genoeg plek hebben. De randen mogen niet knellen. Rek katoenen sokken vóór het aantrekken even op.

In de meeste gezinnen is het een goede gewoonte om kinderen, wanneer ze in huis komen, hun schoenen of laarzen uit te laten trekken. Ook binnen worden daardoor de voetspieren geoefend. Trek je kind noppensokken, klompslofjes, wollen sokken met een leren zool eronder genaaid of echte pantoffels aan. De zool moet zó zijn dat het kind niet kan uitglijden.

Spel en speelgoed

Het plezier dat een kind beleeft aan spelen straalt je vaak tegemoet. Daarnaast kun je, als je goed kijkt naar een peuter die verdiept is in zijn spel, aan de éne kant de ernst zien waarmee het bezig is, en aan de andere kant de afwezigheid van een duidelijk doel. Het kind speelt niet om te leren, of omdat het zich wil ontwikkelen, maar omdat het graag speelt. Dat is de werkelijkheid van het kind, en vanuit die realiteit willen we op een aantal kanten van het kinderspel ingaan.

Spelen is noodzakelijk voor een gezonde ontwikkeling. Het kind doet met spelen allerlei ervaringen op, en leert op die manier het leven en zijn cultuur kennen. Spel, werk en leren vallen tot de lagere-schoolleeftijd nog volledig samen, als één intensieve ervaring. De hele lichaamsbeheersing, de zintuiglijke ontwikkeling, de taal, de denkontwikkeling en de sociale omgang worden al spelende, werkende én lerende geoefend. Wat zien we aan een kind wanneer we het gevoel hebben dat het lekker speelt? Het gaat volledig op in het spel. Het bewustzijn is dromerig. Het kind neemt alles waar, het neemt alles voor wáár aan, en het observeert niet zoals wij dat doen.

Het kind is, zo lijkt het, eindeloos bezig. Zonder voorbehoud geeft het zich aan het spel over. Hoe meer het kind in zijn spel verzonken is, des te meer lijkt het buiten de tijd te staan.

Naast de tijd wordt ook de ruimte door kinderen anders ervaren, zowel binnen- als buitenshuis. Volwassenen herinneren zich dat wel uit de eigen kinderjaren. De tuin van het ouderlijk huis leek zo groot, maar als je de tuin nu terugziet, verbaas je je erover hoe klein die feitelijk is.

Het besef dat een peuter vooral dromend in zijn spel aanwezig is, en dat hij tijd en ruimte heel anders ervaart dan wij, kan je helpen om goede voorwaarden te scheppen voor het spelen.

Voorwaarden

Alles wat het kind ervaart als tijdsdruk betekent een verstoring van zijn creatieve spel. Een kind ervaart het als 'pijn' als hij voor een wissewasje uit zijn spel gehaald wordt. Het kan helpen als je het kind van tevoren vertelt wat er gaat gebeuren.

Over het algemeen zijn woonhuizen nu groter dan vroeger, en er zijn tegenwoordig vaak minder bewoners per huis. Hoewel de meeste peuters en kleuters al over een eigen kamer beschikken, zullen ze daar maar zelden spelen, want ze willen meestal alleen dáár spelen waar de volwassene is. Pas bij lagere-schoolkinderen krijgt een eigen kamer langzamerhand aantrekkingskracht, maar ook alleen dan als ze er niet naar verbannen worden.

De woonkamer zou eigenlijk zodanig ingericht moeten zijn, dat zowel kinderen als volwassenen er hun creativiteit kunnen uitleven. Een gezellige huiskamer, waarin het kind wordt vrijgelaten, wordt veel ruimer beleefd dan een kamer waarin niets mag. Met een bank kun je namelijk veel meer doen dan alleen erop zitten. Je kunt je eronder of erachter verstoppen. Soms is het ineens een boot waarin je met je lievelingspop een reis mag maken en waarvan jij de kapitein bent. Als je ziek bent, wordt het misschien wel je bed. En met kussens die loszitten kun je een huis maken onder de eettafel.

Voor een kind is het heerlijk als de tuin zó is ingericht dat het er verstoppertje kan spelen en vrij met zand en water kan omgaan. Een grote boomstronk kan al zorgen voor spanning in de tuin. Een paar planken kunnen dienen als loopplank, als springplank of als eenvoudige hut. Een wasrekje wordt met wat lappen ook al snel een huisje. Keien, mooie stenen uit een vakantieland of prachtige wortelknoesten en boomstammetjes maken de tuin tot een speelparadijs.

Als je zelf geen tuin hebt, maar wel een balkon, dan is dat misschien ook zo in te richten dat een kind er echt kan spelen.

Ook buiten de tuin valt veel te beleven. Kinderen gaan graag op verkenning uit op braakliggende veldjes, bij sloten en weitjes, of in het bos.

Regen, wind en zonneschijn, en 's avonds de maan en de sterren roepen allemaal nieuwe ervaringen op. Het is ideaal als je kind dagelijks naar buiten kan en daar zelf ontdekkingen kan doen.

De ontwikkeling van het spel

De zuigeling is met name bezig met het ontdekken van zijn eigen lijf en de mensen om hem heen. Voor de peuter wordt de wereld al veel groter. Een één- of tweejarige gaat op ontdekkingstocht en ontdekt de dingen al doende. Alles in huis zal onderzocht worden, van de tafelpoot, de prullenmand en de zeef in de keuken tot en met de sokken in de la. Een la die open en dicht kan, of de deuren van de kast waarin dingen opgeborgen zijn, beleeft het kind als iets waar iets 'verborgens' achter zit, als een geheim dus. Er is zoveel in de wereld waar volwassenen alleen de nuttige kant van ervaren, maar waar het kind veel meer omheen beleeft.

Al doende leert het kind om te gaan met bepaalde natuurwetten, zoals de zwaartekracht. Als het iets uit de kinderstoel gooit, dan kijkt het kind dat na, en wil dat dan nog wel eens proberen. Zo ontdekt het dat een bal rond is en altijd zal rollen, in tegenstelling tot een vierkant blokje. Het oefent net zo lang tot het een innerlijke zekerheid heeft opgebouwd. Dat geeft vertrouwen in de dingen, en daar kan het kind op bouwen.

Bij deze ontdekkingstocht hoort ook het leren kennen van zand en water. In zand kun je zitten, je kunt het in je mond stoppen en je kunt ermee spelen. Met vochtig zand kun je taartjes bakken, droog zand glijdt zo uit je hand. Van water word je nat, je kunt het gieten, en het hangt in druppels aan je vingers.

Naast het zelf ontdekken van de wereld in en om het huis, wil het kind ook graag meedoen met de dingen die de grote mensen doen, het liefst op hetzelfde moment, op dezelfde plek en met dezelfde spullen. Dat schiet natuurlijk niet op, want alleen doe je het huishouden veel sneller, maar toch, het loont de moeite om je kind zo veel mogelijk te betrekken bij het huishouden. Het kind geniet ervan als het mag meedoen met was ophangen, vegen, ramenlappen, schoenenpoetsen, koken en bakken, in de tuin werken, enzovoort.

Als het kind drie jaar is, verandert het spel, al ziet het er op het eerste gezicht misschien nog hetzelfde uit als in de periode ervoor. Wie goed oplet, kan zien dat het kind in zijn eigen speelhoekje een lapje neemt en twee plankjes van een kastje afstoft. Het verbeeldt zich dan dat het vader of moeder is, het lapje dient als stofdoek, het doet alsof het speelhuisje het grote-mensenhuis is en het babbelt erbij. Soms hoor je je kind woorden gebruiken die je zelf bij het stof afnemen hebt gebruikt. Ook vóór het derde jaar kon het kind met inspanning, ijver en ernst stof afnemen, maar toen deed het die dingen onbewust na, terwijl in de periode van drie tot vijf jaar het kind zich verbeeldt een ander mens te zijn. Dat gebeurt op grond van de fantasiekrachten. Pas dan krijgt het kind behoefte aan dingen die hem helpen iemand anders te verbeelden (werkmanskiel, klompjes, lappen). Dan is het kind ook echt rijp voor grote-mensen-dingen in het klein, zoals pannetjes voor een kinderfornuis, een kindergarde, een strijkboutje, een trein met rails, enzovoort.

Speelgoed

Tussen het eerste en het derde jaar spelen kinderen het liefste met alles wat er in huis is, het 'echte' speelgoed heeft lang niet altijd de voorkeur. Bovendien gebruiken kinderen speelgoed vaak op een heel andere wijze dan je je had voorgesteld.

Speelgoed, dus ook de gebruiksvoorwerpen waarmee het kind in huis speelt, moet solide zijn, geen splinters geven, niet met giftige verf behandeld zijn en geen kleine breekbare onderdelen hebben.

Houten speelgoed verdient meestal de voorkeur omdat het goed bestand is tegen de exploratiedrang van het kind. Het is duurzaam speelgoed, waaraan een kind echt gehecht kan raken omdat het niet na korte tijd weggegooid hoeft te worden omdat het stuk is en niet meer te repareren valt. Als er houten speelgoed gerepareerd moet worden, vindt een kind dat meestal zeer interessant en wil het graag toekijken en meehelpen.

Het nadeel van kunststof speelgoed is dat het zo licht in gewicht is, veel lichter dan de vorm van bijvoorbeeld een stevige vrachtwagen doet suggereren. Verder heeft het vaak felle kleuren die de blik van het kind als het ware gevangen houden. Bovendien vormt kunststof een grote belasting voor het milieu en bevatten de felle kleuren soms het schadelijke cadmium, dat bij afvalverbranding vrijkomt.

Hoe minder 'af' het speelgoed in de eerste paar jaren is, des te meer het kind in zijn eigen scheppingsproces met fantasieën kan 'bouwen'. Een blokje hout kan voor het kind een auto zijn, even later is het een deel van een toren en dan weer is het een tafeltje voor een kabouter, afhankelijk van waar het kind op dat moment mee bezig is. Al spelend wordt de fantasie steeds krachtiger, tot het kind na het derde jaar volop in het fantasiespel zit. Dan is het kind in het spel de moeder, de vader, de conducteur, de dokter, enzovoort, en bij dat spel zijn poppen, kookspulletjes, con-

ducteursattributen of een dokterskoffertje heel welkom.
Komt een kind slecht tot spelen, dan is het raadzaam om kritisch naar de hoeveelheid speelgoed en het soort speelgoed te kijken. Te veel speelgoed kan verlammend werken. Als je in een supermarkt staat en de keuze hebt uit tien soorten koffiemelk, dan weet je vaak ook niet welke je moet kiezen. Het spel komt vaak weer op gang als je wat speelgoed wegbergt en het kind de gelegenheid en de ruimte geeft om met de dingen in huis te spelen.

Als het kind alleen maar speelgoed krijgt waar weinig méér mee te beleven valt dan wat het voorstelt, dan zie je vaak dat kinderen daar gauw mee uitgespeeld zijn. Ze blijven dan voortdurend zoeken naar nieuwe prikkels. Een kind kan daardoor onrustig en ontevreden worden. Kijk ook dan kritisch naar het speelgoed en berg eventueel wat op. Blijft het spelen echter een punt van zorg, praat er dan over op het consultatiebureau.

Ten slotte horen spelen en opruimen bij elkaar. Aan het eind van de dag, en eventueel ook voor de middagrust, kan het een goede gewoonte worden om samen de spulletjes terug te zetten, ieder ding op zijn eigen plek. 'De blokken gaan nu uitrusten van hun werk, net als jij.' Een speelgoedkist waarin alles op de grote hoop verdwijnt nodigt de volgende dag niet uit tot goed spel. Planken in de kast waarop verschillende mandjes of bakjes staan voor stenen, blokken en ander speelgoed werken beter. Grotere peuters maken soms bouwwerken of grote spoorwegtrajecten waar ze dagenlang aan bezig zijn; dat is een echte verdieping van het spel. Uiteraard zijn kinderen blij als die bouwsels mogen blijven staan.

Kind en pop

Een pop kan voor het kind een trouwe kameraad zijn, die hem door dik en dun bijstaat en altijd ter beschikking is. Kind en pop vormen een soort eenheid, zeker als de pop ook de geur van het kind aangenomen heeft. De pop wordt als het ware een deel van het kind zelf, waar het mee kan praten, waar het plezier mee beleeft, en verdriet mee kan delen. Soms moet de pop even de zondebok zijn voor iets dat het kind zelf gedaan heeft. Het kind kan op deze manier afstand nemen van zichzelf en zich bevrijd voelen van gevoelens waar het nog geen grip op heeft. Een andere keer liefkoost en omarmt het de pop in alle tederheid. De pop kan jaren achtereen een vertrouweling en dierbare vriend zijn. Zeker in moeilijke of spannende situaties, bijvoorbeeld als het kind bij een oppas achtergelaten wordt, bij een ziekenhuisopname of echtscheiding, kan de pop een grote troost betekenen; hij schenkt kinderen veiligheid wanneer het vertrouwen op de proef gesteld wordt. Zo begeleidt de pop het kind op zijn weg door de kinderwereld. Geef het kind de ruimte om zelf het moment te bepalen waarop het eraan toe is afscheid te nemen van de pop, ook al duurt dat soms lang.

Het is natuurlijk niet alleen een pop waaraan het kind zich bijzonder kan hechten, het kan ook een sabbellapje, een afgekloven mouwtje van de pyjama, een gebreide kabouter of een beertje, konijntje of lammetje zijn. Het is meestal maar één knuffel die het kind kiest tot trouwe metgezel, dus veel aanbod heeft een kind niet nodig. Aan de ouders de keuze wat voor soort knuffel het kind krijgt. Met een pop geef je je kind een 'menselijke' kameraad en dat is toch anders dan een dier als vriend.

Het spreekt voor zichzelf dat zowel jongens als meisjes behoefte hebben aan een trouwe poppenkameraad. Pas in een latere fase onderscheiden jongens en meisjes zich in het verzorgen van hun 'kind'.

De pop als trouwe levenskameraad kan een eenvoudige pop zijn. Een lappenpop is heel geschikt. De soepelheid van de stof en de vulling met wol nodigen uit om te knuffelen. Langzaam neemt zo'n pop een geheel eigen 'geur' aan. Een lappenpop heeft vaak een eenvoudig gezicht, waardoor er ruimte blijft voor de fantasie van het kind. Het kan zelf alle uitdrukking aan de pop verlenen, al naar gelang de stemming of het spel van dat moment.

Er zijn boeken die stap voor stap aangeven hoe je zelf een pop kunt maken, van een heel eenvoudig boxpopje tot poppen met haren en ledematen. Verder worden er op verschillende plaatsen in het land cursussen geven in het poppenmaken. En ten slotte zijn er winkels die lappenpoppen verkopen.

Een leuke speelkameraad is een kiekeboe-popje of-kaboutertje. Deze sluit aan bij de verwondering die een kind kan voelen bij het 'er-zijn' en 'er-niet-zijn'. Ook kan zo'n popje door de dag heen verbeelden wat het kind meemaakt of wat er te doen staat. Bij het opstaan bijvoorbeeld slaapt het kaboutertje nog in het kokertje, bij het ontbijt aan tafel wordt het zachtjes wakker geroepen. Maar nee, het hoort het niet. Dan roept het kind nog iets luider en ja hoor, heel voorzichtig komt het kaboutertje te voorschijn en blijft wakker en aanwezig. Overdag kun je het kaboutertje bij pijntjes of bij bijzondere voorvallen betrekken. Vaak merk je dat het kind dan uit zich zelf iets gaat vertellen. Als de dag eindigt en de zon gaat dalen, dan gaat de kabouter weer slapen in zijn holletje en het kind ook: 'Sst, de kabouter slaapt...'

Tekenen, schilderen, boetseren

De meeste kinderen tekenen, schilderen of boetseren graag. Net als bij het spelen zal het kind er vol overgave in opgaan, en ook hier gaat het om het plezier, om het doen, en niet zozeer om het resultaat. In die zin hoef je kinderen op deze leeftijd niets te leren – ze doen het zelf, en vanzelf. Je hoeft alleen het goede materiaal aan te bieden, de goede voorzorgsmaatregelen te treffen en verder een beetje in de buurt te zijn zodat het kind rustig 'aan het werk' kan. Steeds aanwijzingen geven of steeds vragen wat het gecreëerde voorstelt, werkt belemmerend op het kind en kan hem onzeker maken. Het wil graag zelf ontdekken!

Tekenen

De eerste tekenpogingen van een eenjarige peuter zijn vooral een oefening in het vasthouden van een krijtje. Het kind ziet amper wat het doet, maar heeft louter plezier in de beweging en in het verrassende feit dat er iets op het papier verschijnt. We spreken hier van 'krabbels'.

Allengs zal het kind er ook verhalen bij gaan vertellen, die op het papier hun weerslag vinden. Voor ons is daar nog weinig van terug te zien. Wij zien vooral ronde en rechte krabbels op papier. Soms ontstaat er een dichte krabbelkluwen. Meestal beweegt het bovenlijfje van het kind bij het

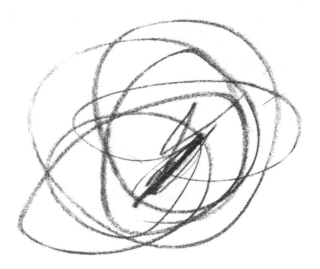

tekenen mee, het gaat helemaal in zijn bewegingen op en kan de beweging nauwelijks stoppen. Tijdens het tekenen draait het de tekening alle kanten op. Er is géén boven of beneden, en geen links of rechts.

Zo rond het derde jaar, als het kind 'ik' gaat zeggen, begint het rondjes te tekenen: zonnen, cirkels of andere gesloten vormen. Het vraagt de uiterste concentratie om het rondje ook echt dicht te krijgen. Soms bevestigt het kind het groeiende ik-gevoel door midden in de gesloten vorm een punt te zetten.

Gaandeweg kan het kind zijn bewegingen op papier beter sturen, waardoor de tekeningen een minder chaotische indruk maken. Het probeert dingen steeds weer uit, en zo ontstaan er tekeningen vol druppels, stippen en bloempjes.

Rond het vierde jaar verschijnt naast de cirkel de 'kop-poter' – een eerste menselijke figuur wordt getekend! De wereld van het kind wordt gaandeweg groter, en het is sterk op die buitenwereld gericht. Dat zie je soms terug in de zogenaamde voelsprieten die het aan handen en voeten tekent. Er komen veel zonnen op het papier en de zonnestralen stralen alle kanten op. Er ontstaat een boven en beneden, een links en rechts.

Huizen komen ook veel voor in kindertekeningen. Aanvankelijk is dit vaak een boogje of cirkel, en rond het vierde jaar zie je een rechthoek verschijnen. Later, zo rond het vijfde jaar, wordt er ook een dak getekend, als driehoek op het huis. Daarmee gaat het kind steeds meer herkenbare dingen uit de omgeving tekenen. Tegen het zevende jaar tekent het kind een hele mens, met romp, hoofd, handen en voeten.

Tekeningen met een herkenbare voorstelling zijn niet méér waard dan de eerste krabbels die het kind op papier zet. Door te tekenen laat een kind zien wat er in hem omgaat en daarmee is elke tekening een soort open boek.

Vóór het derde jaar worden de tekeningen vooral gekleurd door alles wat er in het kinderlijf plaatsvindt op het gebied van lichamelijke ontwikkeling en ziektes. Daarna zal ook wat het kind beleeft, wat er in hem omgaat, en wat indruk heeft gemaakt zijn neerslag vinden in de tekeningen. Er worden dan steeds andere verhalen bij de tekening verteld, want niets ligt nog vast. Wat eerst een bos is, kan even later het hek om de tuin van oma zijn, of de tafel van papa.

Schilderen

Kinderen houden van kleuren, en door te schilderen kunnen ze helemaal opgaan in de kleur; meer nog dan bij tekenen, waar ook lijnen en vormen belangrijk zijn. Als ze met blauw schilderen, voelen ze zich ook blauw. Buiten- en binnenwereld zijn nog weinig gescheiden, en door de uiterlijke indruk heen ervaren kinderen de kwaliteit van de kleur, tot in hun lijf toe.

Als het kind ouder wordt, verandert de beleving van kleuren, die deels plaats maakt voor een sterkere beleving van vormen. Het kind herkent de dingen en begrijpt veel meer van de wereld. Daarom ziet het steeds meer als eerste de vorm en het nut van een voorwerp en niet meer voornamelijk de kleur.

Het twee- en driejarige kind kan al omgaan met water, verf en penseel. Bied het kind op deze leeftijd niet te veel kleuren tegelijk aan. Vaak is één kleur al genoeg. Gaat het kind met meer kleuren tegelijk aan de slag, dan ontstaat er al snel een bruine soep op het papier.

Boetseren

Kinderen willen graag alles aanraken, niet alleen met de toppen van hun vingers, maar het liefst met hun hele hand. Met wat ze aanraken willen ze ook graag aan de slag; ze peuteren overal aan, ze kijken of er iets ingedrukt kan worden en of de kleur eraf kan. Ze willen overal hun stempel op drukken, en alles als het ware herscheppen. Dat is het creatieve aan

kinderen! Meestal is dat een lastige eigenschap om mee om te gaan, en soms valt je niets beters in dan te zeggen: 'Afblijven!'
Met boetseren, maar ook met deeg kneden of zandtaarten bakken mag gelukkig wél alles naar hartelust aangeraakt, bevoeld en gekneed worden. Kinderen worden door het spelen met zand en bijenwas vaak rustig en stil.

MATERIAAL

Gebruik voor het schilderen en tekenen een niet te dun soort papier, dan is het kind er minder snel doorheen met het penseel en met tekenen kreukt het papier minder.
Zowel voor tekenen, schilderen als boetseren raden wij aan materialen op basis van bijenwas en plantenverf te kopen.
Voor het tekenen zijn gekleurde bijenwasblokjes heel geschikt. Hiermee kunnen mooie kleurvlakken gemaakt worden. Met potloden wordt vaak heel priegelig en gedetailleerd getekend. Dit kan het kind de lust tot tekenen ontnemen, omdat het dat nog niet kan.
Voor schilderen is waterverf zeer geschikt, waarmee je 'nat in nat' kunt schilderen. Verdund, en aangebracht op een vochtig papier kan het kind met zijn penseel mooie kleurvlakken zonder harde randen maken.
Voor het boetseren raden we aan gekleurde plakjes bijenwas te gebruiken. Klei is minder geschikt, omdat het zo koud blijft bij het kneden en het zo snel barst tijdens het drogen.
Bijenwas is in het begin nog hard, maar door het een tijdje in je hand te kneden wordt het warmer en kun je er vormen mee maken. Als het werk klaar is, wordt de bijenwas hard en blijft in de vorm die gekneed is. Als de kinderen er op uitgekeken zijn, kan de was hergebruikt worden.
Ook het kneden en vormen van brooddeeg is een geliefde bezigheid, zeker ook omdat je het kunt opeten als het deeg in de oven is geweest!

Versjes en liedjes

Elk kind heeft gevoel voor muziek of voor het muzikale in de klanken die het hoort. Dat merk je aan de manier waarop een baby naar je stem luistert en aan de manier waarop het zelf geluiden maakt: het proeft de klanken als het ware. Een baby heeft ook een uiterst gevoelig gehoor. Het hoort geluiden veel beter en daardoor ook vaak eerder dan de volwassene. Het neemt nog onbevangen de geluiden in zich op, zonder dat het daar, zoals wij, direct begrippen aan verbindt. In de peutertijd is die onbevangenheid nog volop aanwezig; daarnaast komt langzaamaan het begripsvermogen op gang. Met het zingen van liedjes of het zeggen van versjes sluit je aan bij het onbevangen en muzikale gehoor van het kind; met het lezen van boekjes sluit je aan bij het ontwakende begripsvermogen.

Het eerste zingen met een kind op je arm of je schoot roept bij veel ouders een gevoel van gêne op, want 'ik kan toch niet zingen'. Inderdaad is zingen vaak verleerd, zeker het zingen van de heel eenvoudige baby- en peuterliedjes. Kinderen zijn gelukkig niet zo kritisch over het zangvermogen van hun ouders, dus... gewoon doen! Want kinderen vinden het heerlijk als er gezongen wordt, en zeker bij het slapengaan worden ze er rustig van.

Bij het zeggen van versjes gaat het er niet om dat het kind precies begrijpt wat de woorden betekenen, want die zijn vaak niet te snappen. Het hoort de melodie in het versje, het hoort de afwisseling van hoe iets vriendelijk en dan weer gebiedend gezegd wordt, en daar geniet het van. Het vindt het fijn om steeds weer hetzelfde versje te horen. Bij de eerste zin zie je vaak al de enthousiaste herkenning van 'daar komt het weer!'

Kinderen worden ook aangesproken door het ritme in liedjes en versjes. Ze vinden het heerlijk om op dat ritme gewiegd te worden, of om zelf met het ritme mee te bewegen. De meeste versjes lenen zich daar ook goed voor. 'Draai het wieltje nog eens om' en 'Klap eens in je handjes' zijn versjes waarbij kinderen vaak al voordat ze kunnen spreken, bewegingen maken.

Rond het derde jaar bereiken kinderen een soort hoogtepunt in de ritmegevoeligheid. Vaak vragen kinderen of je op de grond tegenover hen komt zitten om 'Schuitje varen, theetje drinken' te doen, of klimmen ze bij je op schoot voor 'Hop, hop paardje'. Ook hobbelen en schommelen ze graag en zijn ze gesteld op vaste gewoonten. Hieraan kun je zien dat een kind in deze periode behoefte heeft aan alles wat ritme in zich heeft.

Versjes en liedjes kunnen ook een hulp zijn om kinderen mee te krijgen in datgene wat er zoal gebeuren moet op een dag. Waar een gebiedend 'Voeten vegen!' verzet oproept en een discussie over het belang van schone schoenen al helemaal niets uitricht, zijn kinderen vaak wel gevoelig voor een versje dat daarover gaat. Er bestaan heel veel oude, en ook nieuwe versjes die aansluiten bij wat een peuter op een dag allemaal meemaakt (zie de literatuuropgave op blz. 160). Versjes voor bij het eten of het slapen gaan, voor bij een pijntje of voor als het regent, of om zomaar te zeggen. Als je wat van deze versjes paraat hebt, doe je je kind een groot plezier, en kun je veel situaties waarin het kind dwarsligt ombuigen, of zelfs vóór zijn.

*Veel heil en zegen,
drie dagen regen,
drie dagen zonneschijn,
en alles zal weer beter zijn...*

*Hansje sjokken,
achter moeders rokken,
achter moeders staart,
Hansje is een duitje waard.*

*Ozewiezewo, zewieze walla, kristalla,
krist-ozewiezewo, zewieze wies wies wies.*

Soms is het leuk om muziek te maken voor je kind, bijvoorbeeld bij het slapengaan of bij het vertellen van een verhaaltje. Als je geen instrument hebt leren bespelen, zijn er een aantal instrumenten waarop je makkelijk zelf muziek kunt maken zonder dat je noten hoeft te kunnen lezen. Het gaat hierbij om een fluit, een harpje of een xylofoon. Sommige van deze instrumenten zijn gestemd in de zogenaamde kwintenstemming; als je daarop speelt en improviseert klinkt het eigenlijk altijd mooi, en de ervaring leert dat kinderen er graag en met aandacht naar luisteren.

Als je het kind naar een cassettebandje of een cd laat luisteren werkt dat heel anders dan als je zelf zingt of muziek maakt. Weliswaar kan deze muziek ook aansluiten bij de muzikale behoefte van je kind, alleen komt het vaak voor dat het kind er niet meer echt naar luistert en de muziek achtergrondmuziek wordt. Op deze wijze voeg je als het ware nog wat extra geluid toe aan het lawaai waar het kind toch al veel aan blootgesteld is. Er wordt steeds meer gewezen op het gevaar dat kinderen die voortdurend achtergrondmuziek om zich heen hebben minder goed leren luisteren en minder gevoelig worden voor de fijne nuances van geluiden. Een deel van de toenemende doofheid onder kinderen zou hiermee kunnen samenhangen.

Vertellen en voorlezen

Eén van de gezellige dingen die je met een kind kunt doen is voorlezen of vertellen. Als je de rust ervoor vindt, is het een moment waar je beiden van kunt genieten. Voor de band met een kind waar je veel mee te stellen hebt, of juist met een kind dat een beetje verdwijnt in het drukke gezin, kunnen deze momenten van warme gezelligheid goud waard zijn.

Wat je vertelt of voorleest zou moeten aansluiten bij de leeftijd van het kind. In de babytijd en de allereerste peutertijd spelen verhalen en boekjes nog nauwelijks een rol. Dan luistert het kind vooral graag naar liedjes en ritmische versjes.

Als een kind gaat praten en al pratend de wereld gaat benoemen, kan naast het muzikaal-ritmische van de liedjes en versjes ook de inhoud van de taal een plaats gaan krijgen door verhaaltjes te vertellen of samen een boekje te bekijken. Kinderen vinden het fijn als je steeds weer hetzelfde boekje met ze bekijkt of steeds hetzelfde verhaaltje vertelt. Die behoefte aan herhaling blijft eigenlijk de hele peutertijd bestaan.

Er bestaat verschil tussen vertellen en voorlezen. Als je een verhaal vertelt, luistert het kind naar het verhaal en heeft het uitsluitend zijn eigen fantasie om het verhaal 'aan te kleden'. Van zelfverzonnen verhaaltjes kunnen kinderen mateloos genieten. Het is het leukst wanneer de figuren die in het verhaaltje voorkomen herkenbaar zijn en steeds weer nieuwe dingen beleven. De inspiratie voor dit soort verhalen kun je krijgen door goed te kijken en te luisteren naar wat het kind door de dag heen beleeft. Veel variatie hoeft er voor een peuter nog niet in te zitten. Steeds weer dezelfde figuren, dezelfde zinswendingen en intonaties kunnen als het ware de basis vormen waarbinnen je varieert en verrassingen inbouwt. Die verrassingen maken het verhaal spannend. Elke keer weer voelt het kind het spannende aankomen, misschien wordt het verhaal zelfs een beetje eng, maar gelukkig loopt het goed af, en dan klinkt er een zucht van verlichting, ook na de honderdste keer!

Bij het voorlezen gebruik je een boek. Dat zal in eerste instantie een plaatjesboek zonder tekst zijn, waar je zelf wat bij vertelt. De plaatjes tonen vaak mensen en dieren of voorwerpen en gebeurtenissen. Voor het eerst in het kinderleven ontstaat het gecombineerd waarnemen van 'een plaatje en een praatje'. Alleen door hetzelfde woord of hetzelfde verhaaltje bij een afbeelding te herhalen kan het kind leren dat bepaalde woorden of zinnen bij bepaalde afbeeldingen horen. Dat is een stap vooruit in de kinderlijke ontwikkeling!

Daarna volgt het prentenboek, waarin veel platen staan met nog maar weinig tekst. En ten slotte is een kind van ca. vier jaar zover, dat het bij het voorlezen uit een echt voorleesboek de draad van het verhaal kan vasthouden.

Bij het gebruik van boekjes moeten ook de illustraties aansluiten bij de leeftijd van het kind. In de literatuuropgave hebben wij een aantal (prenten)boeken genoemd waarvan de illustraties passen bij de rijke en fantasievolle wereld van het kind.

Het vertellen en voorlezen van verhalen brengt het kind in contact met de taal. Het belang van een goede taalontwikkeling voor de ontwikkeling van het denken hebben wij al eerder benadrukt. Door voor te lezen en verhalen te vertellen kun je je steentje bijdragen aan deze ontwikkeling. Hoe groter de peuter wordt, des te rijker het taalgebruik is dat je kunt gaan gebruiken. Je kan het kind woorden laten 'proeven' die je in het gewone taalgebruik niet zo vaak gebruikt. Zo help je het kind om de nuances in de taal te leren kennen, waardoor het gaandeweg zelf ook verschillende nuances gaat zien.

Luisteren naar verhalen op een casettebandje haalt het niet bij echt voorgelezen worden. Je ziet degene niet die voorleest, laat staan dat je er bij op schoot kunt zitten, je ziet geen mimiek en de intonatie is elke keer precies hetzelfde.

Voor sommige kinderen is het belangrijker dan voor andere dat ze voorgelezen worden. Voor kinderen die erg druk en doenerig zijn, kan het lezen van een boekje een aanzet geven om rustig te leren luisteren. Maar voor kinderen die alles willen begrijpen, die steeds maar met je willen praten en bij alles 'waarom' vragen, kan veel voorlezen deze kant van het kind nog eens extra versterken en moet je misschien juist meer naar dingen op zoek gaan die je met je kind samen kunt doen, zoals knutselen, timmeren, boetseren, in de tuin werken of naar het bos gaan.

Het kind en het jaarverloop

In de loop van de kindertijd zal het kind steeds meer gaan herkennen van de wereld om hem heen, en de dingen die daarin gebeuren. Ook het leren kennen van het jaarverloop hoort daarbij. Aanvankelijk herkent het kind de dagelijks terugkerende gewoonten in het gezin; al eerder is genoemd dat het een grote steun is voor het kind als de dagen ritmisch verlopen. Daarna zal het ook verschillende dagen in de week kunnen gaan herkennen, tenminste als die dagen ook speciale gebeurtenissen met zich meebrengen, zoals op zondag iets speciaals op het brood, op woensdag mee naar de markt, op donderdag meehelpen met de container buiten zetten, enzovoort.

Als er in het gezin aandacht aan besteed wordt kan ook het jaarverloop een plek in het kinderleven in gaan nemen. Allereerst door het directe beleven van de seizoenen. In de zomer loop je met blote voeten in het gras, mag je buiten met water spelen, en is het nog licht als je naar bed gaat. In de herfst kan het stormen en regenen, moet je een warme jas aan en een muts op, en kun je kastanjes en eikels vinden. In de winter is de wereld soms opeens wit van de sneeuw, komen de vogels eten van het voer, en wordt het al heel vroeg donker. En in de lente zie je jonge eendjes en lammetjes, komen overal nieuwe blaadjes en bloempjes te voorschijn, en mag je weer in de zandbak spelen.

Al deze ervaringen kunnen ook in huis een bijzonder plekje krijgen, door alle schatten die buiten gevonden worden op een speciaal tafeltje of iets dergelijks neer te leggen, en er samen voor te zorgen dat dat er mooi uitziet.

Ook door de voeding zal het kind het jaarverloop mee kunnen beleven. Door met het eten gebruik te maken van de producten die van nature bij dat seizoen horen, zal het kind tot in zijn lijf vertrouwd kunnen raken met de verschillende seizoenen.

Ten slotte zijn er de zogenaamde jaarfeesten die het kind op een heel intense manier vertrouwd kunnen maken met het jaarverloop. Voor veel volwassenen zijn de herinneringen aan bijvoorbeeld Kerstmis de mooiste jeugdherinneringen.

Hoe je die feesten met kinderen viert hangt mede af van de verhouding die je er zelf toe hebt. Elk jaarfeest heeft een natuurlijke en een religieuze kant. Zo vier je met Kerstmis de geboorte van het Christuskind, maar je viert ook het weerkeren van het licht, na alle maanden waarin de dagen steeds maar korter werden. Zo hebben ook andere jaarfeesten, zoals Palmpasen en Pasen in de lente, het feest van Sint-Jan in de zomer, het Sint-Michaëlsfeest en het Sint-Maartensfeest in de herfst en ten slotte Sinterklaas, Kerstmis en Driekoningen in de winter, deze twee kanten. De natuurgebonden kant van de jaarfeesten wordt al sinds mensenheugenis gevierd, de religieuze kant ervan komt voort uit de verschillende religies.

De natuurgebonden kant van de jaarfeesten spreekt kinderen altijd aan. Het kind kan door het vieren ervan een gevoel van eerbied ontwikkelen voor de natuur en de dingen die de natuur voortbrengt. Bij de religieuze kant zal vooral de verbinding die je er zelf mee hebt doorwerken op het kind.

In de literatuuropgave worden boeken genoemd die kunnen inspireren tot het vieren van vele bekende en minder bekende feesten. Want feesten zoals dat van Sint-Michaël, waarbij alle rijkdommen van de zomer verzameld worden, en van Sint-Maarten, waarbij het kind met zijn lampionnetje licht brengt in de donkere nacht, zijn feesten die nauwelijks meer gevierd worden, maar die voor het kind bakens in het jaar kunnen worden waarop het zich telkens weer kan verheugen.

Televisie kijken

Iedere ouder zal zelf de keuze moeten maken of, en zo ja hoeveel er in het gezin televisie gekeken wordt. Dit zal onder andere afhankelijk zijn van de plaats die de televisie in het leven van de ouders inneemt en van de leeftijd van de kinderen. In een gezin met middelbare-schoolkinderen zal naar alle waarschijnlijkheid meer tv gekeken worden dan in een gezin met peuters. Als je in het gezin bewust met het wel of niet tv-kijken om wilt gaan, zou je je vooral moeten afvragen hoe kindvriendelijk op deze leeftijd een tv is, ook al bestaan er speciale programma's voor peuters en kleuters.

Kindvriendelijk is eigenlijk alleen datgene wat binnen het werkelijkheidsbeleven van een kind plaatsbaar is. Een peuter is open en toegankelijk, en doet alles na wat hij om zich heen ziet en beleeft. Hij selecteert nog niet, en heeft nog geen kritisch vermogen ten aanzien van de indrukken die hij opdoet. Dit kritische vermogen ontstaat tegen de tijd dat hij naar school gaat. Alle indrukken, dus ook de onverteerbare, komen bij de peuter binnen. Het is gezond voor een kind als de indrukken die het opdoet behapbaar en verteerbaar zijn. Zijn ze dat niet, dan kan dat tot in het lichamelijke toe op een ongezonde manier doorwerken.

Het kleine kind heeft een 'magisch bewustzijn', een bewustzijn dat in beelden leeft. Sinterklaas kan op het dak rijden, Zwarte Piet kruipt zonder problemen door de schoorsteen, en kabouters en draken bestaan echt. Voor het volwassen bewustzijn met een realistische inslag en een 'no nonsense'-instelling slaan dit soort beelden natuurlijk nergens op. 'Er zijn geen draken' zeggen we dan tegen het kind dat bang is in het donker. Maar zo'n opmerking haalt de angst niet weg, dus kennelijk is het werkelijkheidsbeleven van een klein kind niet zo simpel te beïnvloeden.

Andersom is de 'no nonsense'-wereld van de volwassene, waarin techniek, informatie en efficiency thuishoren, voor een peuter vreemd en moeilijk te integreren in de eigen ervaringswereld. Als je een kindvriendelijke omgeving voor je kind wilt creëren uitgaande van de ervaringswereld die bij zijn leeftijd past, dan komt de televisie, en ook de radio en de computer, in een kritisch daglicht te staan, ook al gaat het om programma's die voor kinderen gemaakt zijn.

Het magische bewustzijn leeft zich uit in de fantasie die het kind ontwikkelt tijdens de peutertijd. Vertellen wij een kind een verhaal, dan produceert het kind zijn eigen fantasiebeelden en is dus creatief. Iedereen die ooit naar de verfilming is geweest van een boek dat hij gelezen had, kent de schokkende ervaring dat het eigen fantasiebeeld totaal anders was dan de verfilming. Het omgekeerde geldt ook: als je eerst de film ziet en daarna het boek leest, is het heel moeilijk om je eigen fantasie te laten werken en je aan de dwingende beelden van de film te ontworstelen. Aan de hand van dit gegeven kun je zeggen dat alle apparatuur die kant-en-klare beelden en geluiden bij een verhaal levert, de creatieve omgang met het aangebodene doodt. Fantasie is een van de rijkste krachten uit de kindertijd en belangrijk voor de creativiteit in het latere leven. Wij kunnen ons niet aan de indruk onttrekken dat de tv, en ook de radio en de computer, die kracht fundamenteel bedreigt.

Een ander aspect van de tv is dat er 'schijnbeelden' geproduceerd worden. Je hoort op de tv niet de echte stemmen van de mensen, of de echte muziekinstrumenten, maar een natuurkundige weergave ervan. Je ziet niet de nieuwslezer, maar een reproductie van hem of haar, geprojecteerd op een plat scherm dat uit puntjes is opgebouwd. Wij interpreteren die puntjes weer als de nieuwslezer, en beseffen nauwelijks dat het maar een deel van de werkelijkheid is. Duidelijker wordt de situatie bij het kijken naar natuurfilms op tv. Of het beelden zijn uit de tropen of van de polen, of het stormt in de film of windstil is, wij zitten in onze behaaglijke stoel en merken daar niets van. Van nature zijn bij alle dingen die het kind onderneemt alle zintuigen ingeschakeld. Het kind hoort en voelt de regen en de wind, het ruikt de natte aarde, het wordt koud en stampt zich warm. De tv biedt informatie die bij het kleine kind niet tot echte levenservaring wordt, en waar het dus letterlijk niets mee kan doen. Een teveel van dergelijke incomplete informatie kan het kind onzeker maken.

Als derde punt willen we noemen dat steeds meer onderzoek erop wijst, dat tv-kijken tot in de lichamelijke processen doorwerkt. De stofwisseling, de bloedcirculatie en de werking van het zenuwstelsel ondergaan een voortdurende beschadigende werking. Voor een kind is leven nog gelijk aan bewegen. Al bewegend worden de zintuigen geoefend, en leert het zijn lichaam en daardoor zichzelf kennen. Al eerder is er in dit boek op gewezen dat het voor een kind van levensbelang is dat het voldoende echte ervaringen op kan doen en daar met zijn lijf uitdrukking aan kan geven. Bij het tv-kijken is het kind bewegingsloos. De spierspanning is verlaagd en de ogen zijn op één punt gefixeerd. Het zal duidelijk zijn dat bij veel tv-kijken deze, voor het lichaam onnatuurlijke situatie beperkend doorwerkt tot in de manier waarop het kind dat lichaam vrij leert gebruiken.

Doordat kinderen zo aan de tv gekluisterd kunnen zijn, en je er dus als ouders geen kind meer aan hebt, wordt de tv nog wel eens als oppas gebruikt. Wij zijn van mening dat vooral dit laatste ronduit schade toebrengt aan het kind. Hetzelfde geldt voor 'computeren' op deze leeftijd.

Tot slot willen we de negatieve invloed noemen die (veel) tv-kijken op

het sociale leven heeft. Dat je 'samen' naar de tv kunt kijken is slechts schijn. De tv heeft ieders aandacht in zijn greep, en vooral kleine kinderen worden er door geabsorbeerd. Er is helemaal geen sprake van een gemeenschappelijke activiteit, zoals bij het samen spelletjes doen. Pas als de tv uitgaat, ziet iedereen elkaar weer. Met name vanwege dit laatste bezwaar kiezen veel ouders ervoor geen tv in huis te nemen.
Als er wél een tv is, dan kan het een goede huisregel zijn dat de tv pas aan mag als de jongste naar bed is. Oudere kinderen leren daardoor rekening te houden met het jongere broertje of zusje en zo kan de tv ook een sociale functie vervullen! Het kan ook een keuze zijn om de tv niet in de huiskamer te zetten, maar bijvoorbeeld op zolder of in een aparte televisiekamer. Dan kan er door grotere kinderen of een ouder tv gekeken worden zonder dat dit de verdere gezinsactiviteiten in de huiskamer stoort.

Veiligheid

In elk gezin komen situaties voor waarin een kind net geen ongeluk krijgt, of er gebeurt iets, maar de gevolgen hadden veel erger kunnen zijn. We zeggen dan wel dat de beschermengel van het kind te hulp is geschoten. Voor een aantal mensen is de engel van een kind een realiteit, een realiteit die vertrouwen schenkt. Voor anderen is het meer een uitdrukking die je gebruikt in zo'n geval. Of het een realiteit voor je is of niet, achteraf praat je erover met een gevoel van opluchting en dankbaarheid. Natuurlijk kun je niet rekenen op de beschermengel van het kind, en het ontslaat je niet van de plicht veiligheidsmaatregelen te nemen rond opgroeiende kinderen. De peuterfase is bij uitstek de fase waarin veiligheidsmaatregelen genomen moeten worden.

Globaal gezien kun je op drie vlakken zorg dragen voor de veiligheid.
1 Schaf veilige artikelen aan, zoals een goed fietsstoeltje, een veilig traphekje of een fornuisrekje. Deze kunnen al heel wat ongelukken voorkomen.
2 Leer kinderen goede en veilige gewoonten aan en geef daarbij zelf het goede voorbeeld. Zorg ervoor dat je weet waar je kind is en wat het aan het doen is. Vooral bij spannende situaties zoals verjaardagen is dit een kunst.
3 Leer het kind jou te gehoorzamen en later ook aan zichzelf te gehoorzamen; dat is het derde vlak waarop je kunt zorgdragen voor de veiligheid. Tijdens de peuterjaren kun je de basis leggen voor die gehoorzaamheid. Daarnaast is belangrijk dat het kind steeds zelfstandiger

wordt, zodat het zicht leert krijgen op wat het zelf kan en op de gevaren in de omgeving. Het kind zal, binnen bepaalde grenzen, ook de vrijheid moeten krijgen om op onderzoek uit te gaan, hoe eng dat soms ook is. Je zal je kind daarvoor letterlijk en figuurlijk moeten leren loslaten, zodat het kind kan leren springen, klimmen, fietsen, enzovoort. Overbezorgdheid zal belemmerend werken, ook wat betreft de veiligheid.

De aard van het kind heeft een grote invloed op de veiligheid. Er zijn kinderen die pas iets nieuws doen als ze het echt kunnen. Vaak zijn dat kinderen die wat later gaan lopen, maar het dan ook in één keer goed kunnen. Andere kinderen storten zich blindelings in het avontuur en lijken het gevaar gewoon niet te zien. Die gaan klimmen maar kunnen daarna niet meer naar beneden, of ze gaan op een hond af, ook al is die nog zo groot. Deze kinderen leren vaak pas door schade en schande wat gevaar is.

Door vallen, verbranding, verstikking, verdrinking en vergiftiging gebeuren de meeste ongelukken, meestal in en om het huis. In de hiernavolgende hoofdstukken met praktische adviezen worden kort de belangrijkste aandachtspunten genoemd waarmee je dit soort ongelukken zou kunnen voorkomen. Op blz. 134 e.v. wordt een aantal huismiddelen genoemd die bij kleine ongelukjes gebruikt kunnen worden. In de literatuuropgave worden boeken genoemd die meer informatie geven over kinderen en veiligheid. Op veel consultatiebureaus worden 'Veiligheidskaarten' van de Stichting Consument en Veiligheid uitgedeeld. Die zijn ook op te vragen via de website www.veiligheid.nl.

Praktische adviezen per fase

1–1,5 jaar

De ontwikkeling

In deze periode leert het kind steeds beter los te lopen, soms loopt het zelfs achteruit. Het kan nu ook hurken. Is er een trap in huis, dan zal het kind proberen de trap op te klimmen. Afstanden schatten gaat nog moeilijk. Als het kind wil gaan zitten, zal het min of meer mikkend achteruit op het kinderstoeltje terechtkomen. Het wil graag dingen duwen of trekken en versjouwen, maar het kan ook minutieus bezig zijn om met duim en wijsvinger kruimeltjes van de vloer op te pakken. Het kleine kind toont de eerste tekenen van 'zelfredzaamheid': het kan zelf een beker pakken en eruit drinken en doet pogingen om met een vork of een lepel te eten. Het bootst graag de dingen na die de ouders in huis doen, en het doet graag mee met alle huishoudelijke karweitjes. Vaak brabbelt het daarbij in een eigen taaltje. De heel vlotte kinderen gebruiken soms al een paar, al dan niet verbasterde, woorden. In eerste instantie komt het praten puur vanuit de nabootsing tot stand, zonder dat het kind daar direct een betekenis aan verbindt; het 'proeft' de woorden en geniet daarvan. In de loop van dit half jaar zal het kind steeds meer woorden gaan begrijpen; zijn passieve woordenschat is veel groter dan de woordjes die het zelf gebruikt.

Kind en ouder

Voor het eerst ontwaakt er bij het kind een besef dat het zelf wat kan veroorzaken. Als het bijvoorbeeld een bord op de grond gooit, maakt dat geluid en is het bord opeens weg. Het ziet voor het eerst verband tussen dingen, en dat wordt eindeloos onderzocht. Toch staat het kind op deze leeftijd nog zo in het leven, dat de meeste dingen hem gewoon overkomen en als vanzelf reacties van vreugde, woede, frustratie of verdriet oproepen.

Het kind voert graag kleine opdrachtjes uit, zoals 'doe de deur maar dicht', 'breng dit maar naar de keuken'. Het kind verricht het taakje met trots en straalt erbij van plezier.

Dit is de periode waarin je veel praat met je kind, en de dingen voor hem benoemt. Dat wil niet zeggen dat een peuter er behoefte aan heeft dat alles uitgelegd wordt. Het is voor een kind vooral van belang dat je de dingen goed voorzegt, zonder kinderlijke verbasteringen.

Op deze leeftijd is de aanwezigheid van de ouders, of een zeer vertrouwd persoon, nog heel belangrijk. Sommige kinderen gaan huilen als vader of moeder de kamer uit gaat, of als ze 's avonds alleen in bed liggen. Langzaam zal het besef en het vertrouwen moeten gaan groeien dat vader en moeder er nog zijn, ook al zie je ze niet. Langere afwezigheid van beide ouders, bijvoorbeeld tijdens een vakantie, kan dit vertrouwen ernstig op de proef stellen, en nog lang in negatieve zin doorwerken.

Slapen en waken

Vaak wordt er in deze periode een overgang gemaakt naar één slaap overdag. Die overgang gaat meestal niet in één keer. Een periode lang kan het lijken alsof het kind nog te klein is voor één slaap, maar te groot voor twee. Dat betekent vaak dat een kind een paar dagen met één middagslaap toekomt, maar dan weer een paar dagen de twee slapen nodig heeft om het slaaptekort in te halen. Als een kind tenslotte nog maar één keer overdag slaapt, dan is die slaap vaak heel diep, en wordt het daarna moeizaam wakker.

Het kind leidt een intensief leven overdag, en dat maakt het soms lastig voor het naar bed gaan afscheid te nemen van de dag. Het bedritueel wordt nu belangrijk. Bouw daarin vaste gewoonten op, maar houd het ritueel kort en eenvoudig. Uitbreiden kan altijd nog, inkorten wordt meestal niet geaccepteerd.

Een kind dat zichzelf loswoelt in bed en het daardoor koud krijgt, is

gebaat bij een wollen slaapzak of trappelzak.
Veel voorkomende problemen rond het slapen zijn in deze tijd: angsten, dromen, vroeg wakker worden, uit bed klimmen.
Bij angsten en dromen is het vaak voldoende om naar het bedje van het kind te gaan en het kort gerust te stellen. Het uitgebreid uit bed halen, te drinken geven, en er lang bij blijven, maken het kind meestal helemaal wakker en geven het de bevestiging dat er toch echt iets aan de hand is. Een knuffel in bed, eventueel een nachtlampje en de deur op een kiertje kunnen verder uitkomst bieden. Voor de ouders is het vaak een probleem dat een kind vroeg wakker wordt. Een verduisteringsgordijn wil nog wel eens helpen en verder een gedecideerde houding dat het echt nog geen tijd is.
Bij kinderen die uit bed willen klimmen helpt op deze leeftijd alleen een ledikantje met hoge randen, zodat ze er niet uit kunnen. Voor de echte klimmers vormt een lage rand in combinatie met een slaapzak namelijk nauwelijks een belemmering om toch uit bed te klimmen.
Ten slotte is het goed om te kijken hoeveel indrukken het kind overdag opdoet. Als dat er heel veel zijn, kan dat voor in- of doorslaapproblemen zorgen.

Spel en speelgoed

Het spel ontstaat enerzijds door het nadoen van alles wat het kind in de omgeving ziet gebeuren en anderzijds door toevallige ontdekkingen. Door de dingen steeds weer uit te proberen ontstaan er veranderingen en variaties in het spel.
Op deze leeftijd heeft een kind behoefte aan huishoudelijke spulletjes waar het mee mag spelen, een doos om dingen in te doen of te verzamelen, een kistje dat open en dicht kan, iets waar het mee kan prutsen.
Het kind wil in deze periode de ruimte hebben om zelf ontdekkingen te doen. Als het met officieel kinderspeelgoed speelt zal het niet geïnteresseerd zijn in de gebruiksaanwijzing. Doordat het alles wil onderzoeken is het fijn als het ook verschillende indrukken op kan doen, zoals spelen met gladde en ruwe blokken, nat en droog zand, een licht mandje en een zware kist, een zacht popje en een harde bal, enzovoort.
Naast het in beweging zijn en de 'grote wereld' ontdekken kan de box in deze fase nog een heel veilige en beschutte plek zijn, waar het kind met een paar spulletjes geconcentreerd kan spelen.
Zelf spelen, zoals dat bij de oudere peuters te zien is, is op deze leef-

tijd nog moeilijk. Meedoen met alles wat er in huis moet gebeuren is op deze leeftijd de grootste stimulans om tot spelen te komen. Als het kind met de ouders speelt is vooral het samen stoeien en samen spelletjes doen, zoals 'ik ga je pakken...' favoriet.

Verzorging

Om het kind op het latere tandenpoetsen voor te bereiden is het zinvol om nu zelf in aanwezigheid van het kind je tanden te poetsen.

Zuigflessen met sap, melk, gezoete thee of vruchtensap erin vormen een serieuze bedreiging voor het kindergebit (zie blz. 65). Geef het kind alleen op vaste momenten wat te drinken, bijvoorbeeld als je zelf koffie of thee drinkt, en leer het uit een gewone beker te drinken. Als het kind echt heel moeilijk afscheid kan nemen van het flesje, is het soms het makkelijkste ervoor te zorgen dat het flesje gewoon weg is, bijvoorbeeld door het achter te laten op het vakantie-adres.

Als het kind gewend is aan een fopspeen (hetgeen wij afraden, zie Groeiwijzer 1), is het raadzaam het gebruik steeds meer te beperken tot een paar momenten op de dag, bijvoorbeeld bij het inslapen. Haal de speen uit bed als het kind slaapt. Nog beter is het om ernaartoe te werken dat een knuffel of een pop de plek van de speen inneemt.

Het afleren van het duimzuigen is nog niet nodig. Dat kan nog een tijdje wachten; er moet op het allerlaatst bij het doorkomen van het blijvende gebit mee begonnen worden. Als het duimen gekoppeld is aan een popje of een knuffel, dan kan het beperkt worden door de knuffel overdag in bed te laten.

Zowel kinderen die op een fopspeen zuigen als duimzuigers kunnen op de langere termijn problemen krijgen met de oren en de luchtwegen. Verder zijn er op de langere duur veranderingen aan het gebit en het verhemelte waarneembaar en gaat het kind anders praten. Overleg zo nodig op het consultatiebureau wat hieraan gedaan kan worden.

Doordat kinderen in deze periode nog veel op de vloer spelen, die vaak koud is en waar het tocht, en van alles in hun mond steken, zijn ze in deze periode regelmatig verkouden. Kleed het kind warm genoeg aan en let daarbij op dat het onderlijf warm aanvoelt. Een kind kan op deze leeftijd meestal nog niet zijn neus snuiten. Zorg dus voor goede hygiëne en houd de wangen goed vet met een babyzalf of vaseline, zodat het gezicht niet te schraal wordt.

Het gebruik van wattenstokjes om de oren mee schoon te maken is uit den boze. Daarmee wordt het oorsmeer meestal in de gehoorgang geduwd, terwijl het er van nature vanzelf uitgewerkt wordt. Alleen het smeer dat in de oorschelp zit kan met een watje of de punt van een washandje weggehaald worden.

Zorg voor sokken die groot genoeg zijn; stretch-sokken zijn niet geschikt omdat ze knellen. Schoenen zijn pas nodig als het kind echt goed loopt (zie blz. 75). Als het kind een loopfietsje heeft, zorg dan dat het daarnaast ook voldoende zelf loopt en wandelt.

Veiligheid

In deze fase zal het kind alles in de mond willen stoppen en overal op willen klimmen. Dat vraagt van ouders een voortdurende zorg voor de veiligheid. Zorg dat een kind niet bij giftige stoffen, planten en asbakken kan, en zorg voor beveiliging van ramen, deuren, trappen, balkons, stellingkasten, enzovoort.

Let er verder op dat in huis alle stopcontacten beveiligd zijn. Maak de keuken tot een veilige plek, waar het kind niet bij scherpe messen en hete pannen kan komen. In de huiskamer kan een tafelkleed gevaarlijk zijn: een kind kan dat tafelkleed met de hete theepot en alle andere dingen die op tafel staan over zich heen trekken. In de slaapkamer moet het kinderbedje zo veilig zijn dat het kind er niet uit kan vallen of tussen de spijlen beklemd kan raken. Laat het kind nooit alleen in bad en zorg ervoor dat het in bad niet kan uitglijden door strips op de bodem te plakken. Verder kunnen rondslingerende kleine spulletjes, met name op de trap, gevaarlijk zijn.

Ook wat betreft de veiligheid kan de box in deze fase een goed plekje voor het kind zijn. Als het kind een paar momenten van de dag in de box is hoef je niet de hele tijd alert te zijn of er niet iets gevaarlijks gebeurt.

Als er huisdieren zijn in de omgeving van het kind (konijnen, cavia's, honden, katten, parkieten) dan is het raadzaam je goed te laten informeren voor welk dier een kind overgevoelig kan zijn, welke ziekten deze dieren over kunnen brengen en welke voorzorgsmaatregelen je kunt treffen. Raadpleeg over dit laatste de dierenarts.

Buitenshuis kunnen vijvers of sloten gevaarlijk zijn, ook heel ondiepe! Zorg verder voor veilige kinderzitjes in de auto en op de fiets.

Voeding en eetgewoonten

Het kind kan nu met de ouders aan tafel zitten en genieten van de gezelligheid van het samen eten. Echt mee-eten met de pot is meestal nog te vroeg.

Veel gezinnen eten 's avonds warm, terwijl het kind in het eerste jaar waarschijnlijk gewend was 's middags het warme hapje te krijgen. Overgaan op de warme maaltijd 's avonds, samen met de rest van het gezin heeft het voordeel dat kind dat gezellig vindt, en dat kan stimulerend werken op de eetlust. Bovendien kan het wat werk schelen met koken, omdat het kind al van een aantal groenten en granen die het gezin eet mee kan eten (mits ongezouten en goed gaar). Een nadeel kan zijn dat er in de meeste gezinnen pas laat warm gegeten wordt en het kind dan gewoon te moe is om te eten. Een voordeel van 's middags warm eten is dat het verteren dan makkelijker gaat en het kind rustiger kan eten, omdat het 's avonds meestal wat drukker is. Wat de goede keuze is hangt af van de aard en de slaaptijden van het kind, en van de gezinssituatie.

Een goede tussenoplossing kan zijn het kind 's avonds vooraf het eigen hapje te geven en het daarna aan tafel nog wat mee te laten peuzelen met de rest.

Tijdens de peutertijd gaan kinderen over het algemeen wat minder eten, en bovendien kan de eetlust nogal eens wisselen. Speel hierop in door in eerste instantie wat minder op te scheppen. Beter drie kleine maaltijden en twee tussendoortjes dan een enorm bord warm eten. Overigens kan het drinken van veel sap de eetlust behoorlijk remmen.

Veel kinderen willen op deze leeftijd zelf eten. Om niet helemaal het heft uit handen te geven, kunnen twee lepels uitkomst bieden: één voor het kind en één voor de ouder die voert. Met de handen eten is ook een mogelijkheid, waarbij je zelf de grens van het toelaatbare aangeeft.

Een duidelijk ritueel aan het begin en aan het einde van de maaltijd helpt een kind te leren tot het einde aan tafel te blijven zitten. Voor een kind van deze leeftijd is 15 tot 20 minuten stilzitten al een hele prestatie.

Van meet af aan een tuigje in de kinderstoel maakt dit attribuut tot een vanzelfsprekend iets, waardoor een eindeloos vermanen om te blijven zitten onnodig is.

De voeding kan er als volgt uitzien:

Ontbijt: een bord pap en/of brood met een beker drinken; wordt er uitsluitend brood gegeten, dan maakt een beker melk of yoghurt de maaltijd compleet.

Koffietijd: een rijstwafel, toostje of een soepstengel met wat kruidenthee of sap.
Middagmaaltijd: warme maaltijd en een zuiveltoetje, of een broodmaaltijd.
Theetijd: fruithapje en eventueel wat drinken.
Avondeten: pap en wat brood en eventueel wat drinken, of een warme maaltijd met een zuiveltoetje.

Pap
Met een bordje pap als ontbijt kan na het eerste jaar rustig doorgegaan worden, al dan niet in combinatie met brood, tenzij het kind liever alleen brood eet.
Als pap kan vlokkenpap gegeven worden of pap van kook- of instantmeel (zie *Groeiwijzer van nul tot één jaar*).

Brood
De meeste kinderen zitten nu goed rechtop in de kinderstoel en kunnen zich niet verslikken in brood. Als het kind gewend is aan lichtbruin brood, en dat goed heeft leren verteren, kan overgegaan worden op fijn volkorenbrood. Dit kan gistbrood zijn, maar ook bakferment- of zuurdesembrood.

Beleg
Dit kan zijn: roombeter met notenpasta, kwarkmengsels, jonge kaas, fruit, appelstroop en eventueel honing.

Drinken
Bij het eten van alleen brood is het goed daarna een beker melk te geven. Per dag heeft een kind 400-500 ml zuivel nodig. Dranken die op andere momenten van de dag gegeven kunnen worden zijn: kruidenthee, vruchtensap, Natu-C of diksap. Probeer dit af te wisselen en geef in totaal niet meer dan een liter vocht per dag.
   Geef drinken liever na het eten, zodat het de eetlust niet wegneemt en zodat het kind goed kauwt en het eten niet wegspoelt.

Tussendoortje
Geschikt zijn: toast, beschuit, korstje brood, knäckebröd, rijstwafels en soepstengels. Let erop dat het kind zich niet verslikt. Voor een kind dat maar kleine beetjes per maaltijd eet, kan het tussendoortje calorierijker gemaakt worden. Het mag de eetlust voor de volgende maaltijd niet in de weg staan.

Warme maaltijd
Deze kan samengesteld zijn uit groenten en granen, verrijkt met wat olie of eventueel wat boter of room en zo nodig voor de smaak een beetje jonge kaas.
De groenten kunnen nu ook deels als stukjes gekookte groenten gegeven worden, zodat het kind went aan de afzonderlijke smaken en de grovere structuur. Wanneer een nieuwe groente geïntroduceerd wordt, kan een beetje room helpen om aan de smaak te wennen, of kan de nieuwe groente met een vertrouwde groente gemengd worden.
Wissel wat betreft de groente de drie delen van de plant af: vrucht, blad en wortel. Aanwezigheid van alle drie de delen in de voeding bevordert een evenwichtige groei. Houd er rekening mee dat diverse (vooral niet-biologische) groenten nitraat bevatten. Geef deze minder vaak en in minder grote hoeveelheden (zie blz. 57).
Kauwen op een rauw worteltje of een plakje komkommer, behoort nu tot de mogelijkheden.
Voor het eerste jaar adviseeren wij de groentenhap samen te stellen uit groenten en graanvlokken. Naast graanvlokken kan ook volkorenmacaroni of -spaghetti gegeven worden en kan tot pap gekookte hele rijst, gierst en boekweit geleidelijk ingevoerd worden. Ook kan geprobeerd worden of het kind bulghur, couscous, thermogranen (zonder rogge) en quinoa (een op graan lijkend product) goed verteert en lekker vindt. Voor de andere hele granen is het nog te vroeg.

Fruithap
De fruithap zal steeds meer een tussendoortje worden van losse stukjes fruit in plaats van een hele maaltijd bestaande uit fruit, vlokken en zuivel. De hoeveelheid moet zodanig zijn dat het kind er tot de avondmaaltijd goed mee uitkomt zonder dat het deze in de weg zit.

Zout
Zout kan op deze leeftijd met mate gebruikt worden, en met warm weer heeft ook een peuter een beetje zout in de voeding echt nodig, omdat het bij het zweten naast vocht ook veel zout verliest.

Kruiden
Als de belangstelling voor het eten wat afneemt, kunnen kruiden helpen om het wat aantrekkelijker te maken. Dit moeten dan 'verwarmende' kruiden zijn: schermbloemigen als dille, anijs en venkel. Voor specerijen als peper, nootmuskaat en kruidnagelen is het kind nog te klein (zie ook de *Dúnamis Kruidenwijzer*).

Suiker
Het blijft raadzaam zo min mogelijk kristalsuiker te geven. Wel kunnen in beperkte mate producten gebruikt worden die tegemoetkomen aan de zoetbehoefte van het kind, maar die niet al te zoet smaken, zoals gerstemoutstroop, maïsstroop, ahornsiroop, diksap, oersuiker, zuidvruchten of honing. Ook fruit komt tegemoet aan de zoetbehoefte van het kind.

Nachtschaden
Wij raden aan om van de nachtschadegewassen (aardappels, tomaten, paprika's, aubergines) alleen af en toe de aardappels te geven als groenten bij de warme hap.

Peulvruchten
Het is mogelijk om naast granen bij de warme maaltijd ook wat linzen te geven. Andere gedroogde peulvruchten zijn nog wat zwaar verteerbaar.

Eieren
Eiwit kan eventueel in gerechten gebruikt worden. Het is echter geen bezwaar als dit nog achterwege wordt gelaten.
Na 3 jaar kan ook het eigeel opgenomen worden in het menu.

Vis
Het reguliere advies is twee keer per week vette vis te geven aan de peuter vanwege de omega-3 vetzuren.

Vlees
Vlees kan achterwege blijven wanneer volgens bovenstaand schema gegeten wordt. Als het kind naast brood, groenten en zuivel hoofdzakelijk aardappelen eet, is het wel raadzaam af en toe vlees te geven.

1,5–2 jaar

De ontwikkeling

Het kind beschikt nu over een groot aantal motorische vaardigheden, die de komende tijd steeds meer verfijnd worden. Ook kan het steeds meer bewegingen tegelijkertijd uitvoeren, zoals omkijken tijdens het lopen zonder te vallen.
Het kind kan nu makkelijk over een drempel stappen. Vaak kan het ook al de trap op en af, terwijl het de leuning vasthoudt. Als het gaat lopen heeft het even tijd nodig om te starten, en als het eenmaal loopt, is het nog moeilijk om te stoppen. Ook het nemen van bochten gaat vaak nog moeilijk. Een bal gooit het met de hele arm en het duwt met de voet tegen de bal in plaats van te schoppen.
Kon het al eerder schoenen uittrekken, nu kan het ook allerlei kledingstukken zelf uittrekken. Het zit stevig, los in de kinderstoel en kan goed met een lepel eten, maar nog niet zonder knoeien.

Het kind ontdekt in deze periode dat elk ding een naam heeft. Het aantal woorden dat het actief gebruikt en begrijpt neemt toe. Het zijn vooral praktische woorden die het gebruikt, abstracte begrippen vormen nog geen realiteit. Ook aan het eigen lichaam kan het langzamerhand een paar lichaamsdelen aanwijzen als erom gevraagd wordt.

Het begrip voor de taal neemt toe. Dit komt tot uiting in korte zinnetjes zoals 'papa weg', 'mama toel'. Door het verschil in intonatie wordt duidelijk of ze als vraag, opmerking of bevel opgevat moeten worden. In een boek kan het kind op verzoek plaatjes aanwijzen en zo ontstaat een primitieve vorm van 'lezen': de combinatie van een plaatje en een woord. Boekjes kijken, vraag- en antwoordspelletjes, rijmpjes, versjes en liedjes zingen zijn de dingen die op deze ontwikkeling aansluiten en die vrijwel ieder kind graag doet.

Heerlijk om als ouders mee te maken zijn de zogenaamde 'bedmonologen'. Kinderen kunnen 's avonds vaak nog een tijdje wakker liggen en al pratend en brabbelend de dag verteren.

Kind en ouder

'De wereld draait om mij', dat is het parool van het kind in deze fase. Invoelen in de ander of delen met anderen is er in principe niet bij. Je kunt dan ook geen beroep doen op deze vermogens, omdat het kind ze nog niet in huis heeft. Andere kinderen, en met name baby's, lijken meer als voorwerp dan als mens beschouwd te worden. Het kind merkt wel dat er een reactie komt als je de ander prikt of een klap geeft. Het lokt deze reactie vaak ook uit, maar combineert dat niet met eigen ervaringen van pijn.

Het kind wil veel zelf doen, zelf experimenteren, maar is heel teleurgesteld als het merkt dat het iets nog niet kan. Hulp van anderen kan op heftig verzet stuiten. Gelukkig laat een kind zich in deze fase meestal nog goed afleiden.

Het kind heeft nog een zeer beperkt geheugen en weet nog niet goed wat wel en niet mag; een eigen rem om dingen die niet mogen ook te laten, heeft het nog niet. Door het kind steeds weg te halen van plekken waar het niet mag zijn, en door het telkens weer te laten zien wat wel mag, zal het dat langzamerhand leren.

Het heeft moeite met abrupte overgangen en houdt ervan als dingen afgemaakt worden. 'Kláár' is een woord dat veel kinderen al vroeg kennen, en ook naar hartelust gebruiken. Het met een ritueel afsluiten van bijvoorbeeld de maaltijd – in de vorm van een liedje, een spreuk of een gebed – komt hieraan tegemoet.

Hoewel een kind in deze fase meestal al iets makkelijker zonder vader en moeder kan, heeft het zijn ouders toch nog het liefst in zijn buurt. Het kind is in deze leeftijdsfase de hele dag om je heen. Dat betekent dat er veel momenten zijn om van je kind te genieten, maar dat er maar weinig momenten op de dag zijn dat je even wat voor jezelf kunt doen. Die momenten zul je bewust moeten creëren.

Slapen en waken

Een middagslaap is op deze leeftijd nog echt nodig. Sommige kinderen slapen 's middags zo diep, dat ze nauwelijks wakker te krijgen zijn, en een gat in de middag slapen. Dan is het inslapen 's avonds moeilijk. Wat vaak helpt is het kind eerder in bed te leggen voor de middagslaap. Helpt dat niet, dan zul je moeten kiezen: of een kortere middagrust, of 's avonds wat later naar bed.

Als het kind 's avonds moeilijk inslaapt, moeten drukke stoeipartijen vlak voor het slapengaan vermeden worden. Verder kan het helpen bij het inslapen als je in de buurt van de slaapkamer nog wat rondscharrelt of wat blijft opruimen als je het kind net in bed hebt gelegd.

Spel en speelgoed

Met spullen sjouwen, dingen in en uit elkaar halen, rommelen, meedoen met het huishouden en spelen met zand en water zijn geliefde bezigheden in deze fase. Naast gewone huiselijke spulletjes (zie ook blz. 100) krijgt het kind nu ook behoefte aan echt speelgoed, zoals poppen en poppenspulletjes, speelgoeddieren, een bal, een 'vormenstoof' en loop- en duwspeelgoed.

Het is verzot op spelletjes als: 'ik ga je pakken...', hondje spelen, stoeien, ballen, en verstopspelletjes.

Verzorging

Zorg voor een goede afwisseling tussen actie en rust, tussen alleen en samen zijn, tussen binnen en buiten zijn. Houd eventueel eens een paar dagen een lijstje bij hoe de dag verloopt en kijk of deze elementen met elkaar in evenwicht zijn.

Op deze leeftijd heeft een kind veel speelruimte nodig. Binnen moe-

ten er plekjes zijn waar het zijn eigen gang kan gaan, en buiten moet het de kans krijgen te lopen, te rennen, te klimmen, enzovoort.
Spelenderwijs kan nu een begin gemaakt worden met tandenpoetsen, maar forceer niets. Zie er voor de veiligheid op toe dat het kind nóóit met de tandenborstel in de mond loopt (zie verder blz. 62).

Veiligheid

Voor het grootste deel gelden voor deze leeftijd de aandachtspunten bij de fase van 1–1,5 jaar zijn genoemd. Ook nu heeft het kind nog nauwelijks oog voor gevaar. Als een kind zelf deuren open kan maken, wordt de wereld groter. Dan moet de tuin afgesloten kunnen worden, en moet de schuur kindveilig worden gemaakt. Een vijver in de tuin moet aan de bovenkant met betongaas beveiligd worden. Let verder op een goede, stevige trapleuning en zorg ervoor dat er geen bedden of bankjes staan voor ramen die openstaan, of die het kind zelf open kan maken.

Voeding en eetgewoonten

Probeer de maaltijden in rust te laten verlopen, zodat het kind ook de rust kan vinden om goed te bijten en te kauwen.
De hoeveelheden die het kind op een dag eet zijn soms maar klein. Aan twee boterhammen, wat fruit, 400 ml zuivel, wat kaas en een beetje warm eten met wat olie erin hebben sommige peuters al genoeg, anderen eten veel meer. De individuele verschillen hierin zijn groot, en alleen de echte extremen hoeven zorgen te baren. Op deze leeftijd krijgen veel kinderen sterke smaakvoorkeuren, en weigeren ze sommige dingen die ze daarvoor lekker vonden. Laat die etenswaren dan even van het menu verdwijnen, en bied ze na een tijdje weer eens aan, eventueel in een andere vorm.
Als een kind veel tussendoortjes krijgt, kan dat de gezonde honger in de weg staan, en wil het kind alleen die dingen die het echt heel lekker vindt. In dat geval is het beleid duidelijk. Beperk de tussendoortjes tot iets kleins tijdens koffie- en theetijd, en zorg dat het kind minstens een uur lang voor het aan tafel gaat niets meer eet of drinkt.
Verder verandert de voeding niet zoveel, behalve dat er meer groenten aangeboden kunnen worden (zie de groentenlijst op blz. 57).
Rauwkost zoals rode biet, wortel, andijvie, postelein, veldsla en kropsla kan heel fijn gesneden, in kleine beetjes voorzichtig geprobeerd worden.

Bij lawaaibuikjes kan het helpen om bij kool venkelzaden mee te koken.

De voeding kan er als volgt uitzien:
Ontbijt: brood met een beker melk of een bordje pap.
Koffietijd: thee of sap met een rijstwafel of iets dergelijks.
Lunch: brood met melk, of pap.
Theetijd: fruit met iets te knabbelen en een beker drinken.
Avondeten: groenten met granen en eventueel linzen, aangevuld met olie (eventueel boter of room) en zonodig voor de smaak wat jonge kaas, en een zuiveltoetje. De warme maaltijd kan ook 's middags gegeven worden.

We geven hier twee recepten als voorbeeld van een geschikte maaltijd voor deze leeftijd, die ook volwassenen lekker zullen vinden.

Groententaart
Kies een of twee groenten en kook die bijna gaar.
- Vermeng voor de bodem 250 g meel, eventueel gemengd met vlokken met 50 g boter en voeg zoveel water toe dat er een stevige bal ontstaat. Rol de bal uit en bedek er de bodem en de zijkanten van een taartvorm mee. Prik met een vork gaatjes in de bodem.
- Bak het deeg gedurende 10 minuten in een voorverwarmde, matig warme oven.
- Bedek daarna de bodem met de bijna gaargekookte en nog warme groenten. Giet hier overheen een mengsel van kwark of room en wat kaas, gemengd met een eetlepel meel.
- Bak de taart midden in een matig warme oven in 10 à 15 minuten gaar en lichtbruin.

Abrikozensaus
- Week 4 in stukjes gesneden gedroogde abrikozen van tevoren ca. 1 uur in wat water.
- Meet 250 ml water af, voeg 2 eetlepels meel, een scheutje olie, 1 à 2 eetlepels groentebouillonpoeder en de geweekte abrikozen toe en kook de saus gaar in 10 minuten.
- Breng de saus op smaak met appeldiksap en doe er eventueel nog wat peterselie doorheen. Met groenten, gekookte granen en wat gemalen geroosterde zonnebloempitten is dit een volwaardige maaltijd.

2–3 jaar

De ontwikkeling

Een tweejarig kind staat al best stevig op zijn voetjes: het kan rennen (maar nog niet goed stoppen of van richting veranderen), het kan tegen een bal schoppen zonder om te vallen en het is behendig op de trap. Ook is het in staat een deur open te doen. Wiebelend op de tenen wordt de deurkruk gepakt en de deur wordt, soms zelfs achteruitlopend, opengedaan. Het kind zal in de loop van dit jaar leren springen, op één been staan en op de tenen lopen.

De zelfredzaamheid neemt toe. Een tweejarige zal zijn kleren grotendeels zelf uit kunnen doen, een driejarige peuter kan zich ook al gedeeltelijk zelf aankleden, voorzover de kledingstukken zich daartoe lenen. Een broek aantrekken gaat nog moeilijk, omdat het daarvoor op één been moet kunnen staan. Ook het zindelijk worden is een belangrijke stap voorwaarts in de zelfredzaamheid.

In het spel zien we steeds hogere torens en steeds ingewikkelder bouwwerken verrijzen. Vanuit de nabootsing gaat het nu bedreven de poppen verzorgen of een garagebedrijfje runnen. De driewieler wordt meestal eerst met de voeten op de grond voortgeduwd. Tegen het derde jaar kan een aantal kinderen met de voeten op de pedalen fietsen.

In dit jaar zal het kind langere zinnen gaan maken waarin zelfstandige naamwoorden, bijvoeglijke naamwoorden, werkwoorden en het lijdend voorwerp hun intrede doen. Aan het begin van dit jaar kunnen veel kinderen zichzelf al aanduiden met hun eigen naam. Ergens in dit jaar komt dan de grote doorbraak dat het kind 'ik' gaat zeggen.

Vaak maakt het zelf nieuwe en heel originele woorden. Woorden worden nog vaak verbasterd. Kinderen kunnen op deze leeftijd ongeduldig worden als ze niet snel op het woord komen dat ze willen zeggen. Dan hakkelen ze. Dit is een normaal verschijnsel, dat meestal vanzelf weer overgaat. Neem de rust om goed naar het kind te luisteren, dan krijgt het kind ook de nodige rust om de woorden te vinden.

Het geheugen ontwikkelt zich verder in dit jaar. Als het kind kort wordt afgeleid kan het daarna de draad van het spel weer oppakken: het herinnert zich waar het mee bezig was. Dat blijkt ook uit gesprekjes met het kind. Vertel je bijvoorbeeld over de grote hond die jullie tijdens de wandeling gezien hadden, dan zie je de herkenning op het gezicht: het weet waar het over gaat. Verder ontwikkelt het geheugen zich vooral aan de vaste gewoonten in en om het huis.

Het kind gaat nu voor het eerst echt tekenen: horizontale en verticale lijnen, stippen, krabbels en uiteindelijk ook rondjes.

Kind en ouder

In het vorige levensjaar werd elk nieuw woordje van het kind met vreugde begroet. Nu word je wel eens bedolven voelen onder de niet te stuiten woordenstroom van je peuter. En hij wil dat je nog luistert ook! Door al dat gepraat komt het kind soms niet eens tot eten of spelen. Dan moet er even op gewezen worden dat eten en praten niet samengaan, of dat je zelf met iets bezig bent waar je even niet bij kunt praten.

Verbeteren van verbasterde woorden kan het kind onzeker maken. Het kan nog niet kritisch naar zichzelf luisteren en maakt zich puur vanuit de nabootsing het spreken eigen. Het verbasterde woord goed teruggeven in het antwoord dat je geeft, sluit beter aan bij het kind. 'Mama, Linne jief.' 'Ja, Linde is lief.'

Doordat het kind verbaal al zoveel kan, lijkt het of het ook al heel veel snapt. Het gevaar bestaat dat je daardoor te veel van je kind verwacht. In de aanwezigheid van één van de ouders weet het bijvoorbeeld wat wel en niet mag. Maar zonder die ouder in de buurt is de rem weg, en doet het dus dingen die niet mogen. Dat heeft niets te maken met een slechte opvoeding of met een niet goed ontwikkeld geweten. Op deze leeftijd heeft het kind nog geen eigen geweten, maar is de opvoeder het geweten van het kind.

Het kind kan zichzelf nu al aardig redden. Maar ook hierbij is het de kunst niet te veel, maar ook niet te weinig van het kind te vragen. Het is goed om de vaardigheden te oefenen die het kind zelfredzamer maken; ze horen bij het gewone leven, en het kind is vaak heel trots op zijn nieuwe prestaties. Spelenderwijs zal een peuter vaak bereid zijn om iets nieuws te leren; als hij iets móet, blokkeert hij al snel.

Ook keuzes maken is iets wat een peuter eigenlijk nog niet kan. Een peuter die uit een royaal aanbod van kleren iets moet kiezen om aan te trekken, komt daar meestal niet uit. Neem de leiding en kies voor het kind. Wat verder helpt, is om op vaste dagen van de week vaste gewoonten in te voeren, bijvoorbeeld op zondag hagelslag op de boterham, en op woensdag naar de kinderboerderij. Het vraagt wel een vooruitziende blik als je je kind niet voor keuzes wilt plaatsen. Als je bijvoorbeeld wilt dat het laarzen aantrekt omdat het regent, is het handig om de sandalen van tevoren even weg te bergen.

Abrupte overgangen zijn moeilijk voor een peuter. Opeens van hem verlangen dat hij aan tafel komt terwijl hij net lekker zit te spelen kan een driftbui opleveren. Dergelijke situaties zijn te voorkomen door het kind voor te bereiden op wat komen gaat. Er is al een pril besef aanwezig voor de begrippen 'nu' en 'bijna', vooral als die gekoppeld zijn aan iets concreets als 'nu ga ik de tafel dekken en daarna gaan we eten'.

Ergens in het derde levensjaar gaat het kind zichzelf beleven als 'ik' tegenover de wereld. Het zegt 'ik' tegen zichzelf en 'néé' tegen de wereld. Het wil alles zelf doen, en houdt daar koppig aan vast. Om tot een gezond ikbesef te komen heeft een kind grenzen en weerstand nodig. Het zal zich verzetten tegen deze grenzen, maar dat is op deze leeftijd een gezonde reactie op een gezonde beperking vanuit de omgeving. Als die beperking ontbreekt en het kind geen grenzen gesteld krijgt, zal het die grenzen opzoeken door zich bijvoorbeeld steeds uitdagender en lastiger te gedragen.

Aan de andere kant moet je het kind in deze fase niet te dicht op de huid zitten en het voldoende bewegingsvrijheid geven. Daarnaast zullen een vast en vanzelfsprekend dagverloop een peuter het houvast geven dat hij nodig heeft. Verder kunnen afleiding, humor en creativiteit voorkomen dat elke confrontatie in een driftbui ontaardt.

Een echte driftbui kan er dramatisch uitzien. Het kind kan opeens gedrag vertonen dat het anders nooit laat zien, bijvoorbeeld met dingen gooien of met het hoofd op de grond bonken. Ook voor het kind kan dat een dramatische ervaring zijn, en het heeft de ouders en de troost na afloop hard nodig. Als de driftbui een reactie is op iets wat je van hem verlangt, en je wordt boos en gaat schreeuwen, dan zijn beide partijen nog verder van huis. Een driftbui gaat bij de meeste kinderen het snelste over als je er niet te veel aandacht aan besteedt en het kind rustig uit laat razen. Bij andere kinderen helpt het om ze beet te pakken.

Juist omdat het zoveel indruk op de omgeving maakt kan een driftbui een machtig middel worden om iets voor elkaar te krijgen. Door zo neutraal mogelijk op een driftbui te reageren en ook daarna niet van de gewone regels af te wijken, geef je het kind geen gelegenheid het als machtsmiddel te gaan gebruiken.

In deze fase nemen kinderen alles nog heel letterlijk. Bijvoorbeeld als je zegt: 'Sanne is in slaap gevallen', kan het kind reageren met: 'Boem?' Dat letterlijk nemen kan ook tot angsten leiden. Zo kan de wc die alles wegspoelt, of de afvoer van de badkuip die al het water opslurpt, aanleiding geven tot peuterangsten. Goed luisteren naar wat het kind probeert duidelijk te maken, en daarna verwoorden waar het bang voor is, kan al veel angst wegnemen. Als je daarna samen bespreekt wat er bijvoorbeeld wel en wat er niet door de afvoer kan, kan het kind over zijn wc-angst heen komen.

Slapen en waken

Kinderen hebben op deze leeftijd behoefte aan een goed dagritme. Als dat in het gezin ontbreekt, om wat voor reden dan ook, dan uit zich dat meestal in een onrustige nacht.

Sommige kinderen willen 's middags niet meer slapen. De dag is dan lang en ze kunnen 's avonds zo dolgedraaid zijn, dat het inslapen moeilijkheden oplevert, of ze schrikken 's nachts wakker uit een diepe slaap. Probeer de middagrust te handhaven, door vast te houden aan het tijdstip waarop het kind altijd gaat slapen, bijvoorbeeld direct na het middageten. Wat ook vaak helpt is als je zelf het goede voorbeeld geeft en ook gaat rusten, eventueel samen met je kind.

Op deze leeftijd kunnen slechte slaapgewoonten ontstaan. Het kind houdt koppig vast aan deze gewoonte en put daarmee de ouders uit. Op blz. 148 wordt hier uitvoeriger op ingegaan.

Voor een kind dat moeilijk inslaapt kan het een hulp zijn om voor het slapengaan de dag nog even door te praten. 'En toen ging jij naar opa, en toen was opa het brood voor de eendjes vergeten', enzovoort.

Ook angsten kunnen een kind wakker houden. Het is niet altijd duidelijk waar die angsten vandaan komen. Als het kind overdag televisie heeft gekeken, is het daar vaak op terug te voeren, blijkt uit ervaring. Aan de manier van huilen is meestal wel af te lezen of het kind huilt omdat het ziek is, uit angst, of om aandacht te krijgen.

Als de ouders maatregelen nemen om de nachtrust te herstellen, zal een dreinend kind zich verzetten en gaan brullen van woede. Dat is een gezonde reactie. Hoewel het er heftig aan toe kan gaan, kun je er toch zeker van zijn dat je goed handelt.

Een kind kan echter ook met paniek reageren, en ook dat is aan de manier van huilen te horen. Dan is het kind het meest geholpen met een ouder die alleen al met zijn houding laat zien dat alles goed is en die vasthoudt aan de overtuiging dat 's nachts iedereen rustig hoort te slapen. Als de angst benoembaar is, bijvoorbeeld als het kind bang is voor een griezelig beest dat onder het bed zou zitten, dan moet dat fictieve beest zo snel mogelijk het raam uit!

Spel en speelgoed

Kinderen spelen op deze leeftijd graag onder de tafel of in een hutje. Nu het kind niet meer in de box speelt, uit het zijn behoefte aan begrenzing en een knusse speelplek op deze manier. Een speelhuisje of een rekje met allerlei lappen voorziet nu in deze behoefte.

Het is aan te raden om niet al het speelgoed binnen handbereik van het kind te laten staan. Berg ook wat dingen op, zodat je het speelgoed af kunt wisselen en het kunt laten aansluiten bij waar het kind op dat moment graag mee speelt.

Speelgoed samen met je kind opruimen is prima, bijvoorbeeld aan het eind van de dag. Omdat een kind op deze leeftijd vooral speelt met wat hem voor de voeten komt, kan steeds tussendoor opruimen het spel belemmeren.

Met een schommel, een hobbelpaard, een driewieler, en het speelgoed dat bij de vorige fase genoemd werd, kom je tegemoet aan de meest elementaire behoefte van het kind aan speelgoed. Per kind is het verschillend of het met een pop speelt en extra poppenkleertjes nodig heeft, of dat het graag met (houten) dieren of met een treintje of autootjes speelt.

Tekenen, schilderen, boetseren en kliederen doen kinderen op deze leeftijd graag (zie verder blz. 83).
Samen met volwassenen willen peuters graag ballen, stoeien, kunstjes doen en knutselen. Verder hebben veel kinderen een voorliefde voor boekjes lezen, waarbij ze nu de bladzijden één voor één kunnen omslaan, en de plaatjes benoemen. Ook rijmpjes en liedjes blijven bij de meeste kinderen populair.

Verzorging

De meeste kinderen leren in deze fase fietsen op een driewieler, en dat is dan ook meestal de favoriete manier van voortbewegen. Probeer er daarnaast voor te zorgen dat het kind ook regelmatig kan lopen, rennen en klimmen. Elk kind zou ideaal gesproken dagelijks minstens een uur buiten moeten zijn om naar hartelust te kunnen bewegen.
Neem het kind ergens in dit jaar mee naar de tandarts, als je zelf op controle moet. Dan kan het rustig wennen, voordat het er met 3 jaar zelf voor de eerste keer heen moet.
Kijk bij hangerige of drukke kinderen of ze niet te koud, of juist te warm gekleed zijn. Lange haren die voor het gezicht hangen kunnen irriteren of sloom maken. Haren knippen, of het haar vlechten of in een staartje doen, kan soms wonderen doen.
Het zindelijk worden is een belangrijke stap voorwaarts in het zelfstandig worden. De meeste kinderen worden in hun derde levensjaar overdag zindelijk, en in de jaren erna ook 's nachts (zie verder blz. 68).

Veiligheid

Naast de veiligheidsmaatregelen die bij 1–1,5 jaar zijn genoemd, willen we nog een paar aandachtspunten noemen. Een kind kan nu door zijn vorderingen in het klimmen bij veel dingen die hoog staan. Als het de kans krijgt, opent het deuren en laden om alles wat het vindt te onderzoeken.
Ook op deze leeftijd kan een kind nog niet alleen gelaten worden in het bad of in een zwembadje. Vijvers in de buurt blijven gevaarlijk voor het kind.
Op de driewieler kan een peuter zich al een echte verkeersdeelnemer voelen, terwijl je met hem nog geen afspraken kunt maken over wat wel en niet mag. Tijdens de peuterfase is op straat spelen alleen veilig als er echt continu toezicht is.

Voeding en eetgewoonten

Het kind kan nu brood met een vork eten en de warme maaltijd met een lepel. Daarbij wordt al veel minder geknoeid. Ook het drinken uit een beker gaat vlot.
De meeste kinderen eten op deze leeftijd met de pot mee. De voedingsopbouw blijft in principe onveranderd, maar de wijze waarop het aangeboden wordt is in sterke mate afhankelijk van wat lukt in deze periode, waarin je ook bij het eten vaak 'nee' hoort. Vooral de warme maaltijd kan dan problemen opleveren. Opeens weigert het kind dingen die het daarvoor nog naar hartelust gegeten heeft. Pedagogisch gezien stelt dit hoge eisen aan de opvoeders in creatieve en beweeglijke zin. Dwingen om te eten kun je een kind niet, goede voorwaarden scheppen wél.

Een aantal tips:
- Houd vast aan de tafelgewoonten die in de loop van de tijd opgebouwd zijn. Als een kind gewend is om aan tafel te blijven zitten tot de maaltijd afgesloten wordt, zal het eten-weigeren in ieder geval niet beloond worden met eerder op mogen staan.
- Schep kleine porties op van bijvoorbeeld één eetlepel warm en één eetlepel (of iets meer) toetje.
- Let op de tussendoortjes, en geef een uur voor de maaltijden geen eten en drinken meer.
- Let op de hoeveelheid melk die een kind drinkt; bij sommige slechte eters blijkt dat wel een liter per dag te zijn. Breng het terug tot niet meer dan een halve liter per dag, zodat het kind weer een gezonde eetlust kan ontwikkelen.
- Als het lukt om de maaltijd er aantrekkelijk uit te laten zien, kan dat een kind over het 'nee'-zeggen heen helpen. Ook kan het helpen om minder geliefde groenten en dergelijke te verstoppen in bijvoorbeeld gepureerde soepen en graan/groentenkoekjes (zie het recept op blz. 119).
- Buitenspelen voor het eten kan ertoe bijdragen dat het kind met een gezonde honger aan tafel komt. Er zijn echter ook kinderen die van dat spelen even bij moeten komen voor ze kunnen eten, en die je dus een half uur voor het eten binnen moet halen.
- Probeer, als er 's avonds warm gegeten wordt, dat vroeg te doen. Veel kinderen zijn na zes uur gewoon te moe om te eten, zeker als ze 's middags niet zo lang hebben geslapen.
- Als het kind het bord niet leeggegeten heeft, werkt het meestal het beste om zonder commentaar het bord van tafel te ruimen en er verder geen punt van te maken.

Veel kinderen gaan na een periode van weigeren vanzelf weer eten, zeker als het gezellig en rustig is aan tafel. Blijft het eten een punt van zorg, bespreek dat dan op het consultatiebureau (zie ook blz. 147).

Als een kind naar een opvang- of een peutergroepje gaat, kan ook iets eetbaars meegegeven worden wat thuis geweigerd wordt. Over het algemeen heeft het kind in een vreemde situatie meer zin om het op te eten.

Een voorbeeld om de kookfantasie te prikkelen:

Graan/groentenkoekjes
- 2 eetlepels meel en/of vlokken gedurende 1 uur geweekt in wat heet water of groentennat
- 1 eetlepel gemalen hazelnoten of amandelen
- gekookte gepureerde groenten die geschikt zijn voor deze leeftijd
- een scheutje olie, 1 eetlepel geraspte kaas, 1 eetlepel kwark en wat peterselie of koriander
- Vermeng alle ingrediënten. Vorm van het deeg koekjes ter grootte van een biscuitje en bak ze in de koekenpan in wat boter of olie goudbruin.

Snoep en tractaties gaan nu ook een rol spelen. Kinderen krijgen daar nu meer oog voor en het wordt vaker aangeboden. Het is een hele kunst om een 'gezonde' tractatie te maken. In de literatuuropgave en wordt een aantal boeken genoemd die hierbij kunnen helpen. Als er gesnoept wordt is het het leukste om er met overtuiging en zonder slecht geweten van te genieten, als uitzondering op het gewone leven. Voor het gebit is het beter om in één keer naar hartelust te snoepen en daarna de tanden te poetsen, dan de hele dag door kleine beetjes te nemen.

3–4 jaar

De ontwikkeling

De bewegingen worden soepeler en zekerder. De trap wordt nu met één voet per tree opgelopen, bij de trap aflopen gaat dat nog niet. Een bal kan in de gewenste richting getrapt worden, en het kind kan nu ook met gestrekte armen een grote bal vangen. De zelfredzaamheid neemt nog verder toe. Het losmaken van knopen en veters lukt nu, en de meeste kinderen worden in dit jaar ook 's nachts zindelijk.

Het herinneringsvermogen ontwikkelt zich verder. Volwassenen kunnen zich vanaf deze leeftijd dingen uit hun kinderjaren herinneren. Verder kan het kind zich nu ook voor het eerst abstracte zaken herinneren zoals getallen.

Het kind maakt nu meer volledige zinnen, waarin ook woorden als 'gisteren', 'morgen', 'omdat', 'maar', 'als', 'of', 'wie', 'wat', 'waar', 'waarom', 'wanneer' en 'hoe' voorkomen. Uit het gebruik van dit soort woorden valt af te lezen welke dingen het kind van de wereld begint te begrijpen. Met het gebruik van de woorden 'als... dan' laat het zien dat het – weliswaar op een kinderlijk niveau – de dingen in de tijd kan plaatsen, en dat het een eerste besef heeft van oorzaak en gevolg. Het leert ook de begrippen 'wij' en 'jullie', 'mijn' en 'jouw' goed gebruiken. Het kind weet nu ook dat niet de hele wereld hem toebehoort, maar dat spullen bij mensen horen, en dat je dus niet overal aan mag komen.

Het kind praat nu met minder verbasteringen, maar doordat het net zo vlug wil spreken als de woorden in zijn hoofd opkomen, gaat dat vaak wat hakkelend. Grammaticaal worden nog lang niet alle regels goed toegepast.

Dit is ook de leeftijd van het 'pies' en 'poep' zeggen, en ook andere vieze woorden worden naar hartelust gebezigd.

Tegen het vierde jaar gaat het kind voor het eerst zelfstandig denken. Het is de leeftijd van het eeuwige 'waarom'. Soms lijkt het dan ook of het helemaal niet om het antwoord gaat (een typisch volwassen standpunt), maar om het genieten van de nieuwe mogelijkheid om te vragen naar het waarom van de dingen.

Bij het tekenen komen de eerste mensen op papier, de zogenaamde kop-voeters.

Als het kind vier wordt, laat het een fase achter zich en maakt zich op voor een nieuw leven, dat van de kleuter. Het kind zegt 'ik', spreekt goed, maakt hoofd- en bijzinnen en gebruikt bijvoeglijke naamwoorden. In het spel is de eigen creativiteit opgebloeid en hoeven de dingen niet steeds voorgedaan te worden. Prentenboeken hebben een duidelijke betekenis en kunnen worden 'gelezen'. Het bijbehorende 'verhaal' wordt herkend, en variaties op het verhaal worden luidkeels opgemerkt, en meestal afgekeurd!

Kind en ouder

Nu het kind uitgebreid 'ik' zegt, en dat ik-gevoel steeds sterker wordt, dooft het nee-zeggen langzaam uit. Daarmee breekt een fase aan waarin het kind coöperatiever wordt. Een driejarige kan zich al wat meer beheersen en kan beter wachten, ook omdat het is gaan begrijpen wat 'nu' en 'straks' is. Langzaamaan leert het zich aan de regels te houden, ook als de ouders niet in de buurt zijn.

Voor het eerst kan een kind zich ook schuldig voelen over iets. Je zou kunnen spreken van een allereerste ontstaan van een geweten, maar het is nog zo pril, dat je er nog geen beroep op moet doen. Allereerst kan het regels nog niet vanuit inzicht hanteren. Als een kind als regel heeft geleerd dat het nooit iets mag afpakken, zal het dat misschien ook niet doen als het kleine broertje of zusje een mes te pakken heeft. Zelf afwegen wat op dat moment belangrijk is, kan het niet. En verder is dit een leeftijd waarop kinderen zó geneigd zijn hun best te doen, dat ze wel eens te hoge eisen aan zichzelf kunnen stellen. Dan is een appèl op het schuldgevoel van het kind een wel erg zware last. Met prijzen en het geven van welgemeende complimenten kom je meer aan de behoefte van het kind tegemoet.

Tegen het vierde jaar leert het kind ook rekening te houden met anderen. Daarmee komt een einde aan de periode waarin het vooral vanuit zijn egocentriciteit de wereld benaderde. Daarnaast heeft het kind nu het besef dat andere mensen ook gevoelens hebben.

Verbaal is een driejarige meestal al tot heel wat in staat. Als er iets niet mag en het kind is het er niet mee eens, kunnen er hele discussies ontstaan. Wanneer je daar als volwassene uitgebreid in meegaat, is het laatste woord nog niet gezegd. Je kunt dan verstrikt raken in argumenten en in 'waarom-vragen'. Gesprekken zijn prima, en ook nodig op deze leeftijd, maar soms is het niet het moment voor discussies, dan moet het kind gewoon luisteren. Dat kan een eerste begin zijn van echte gehoorzaamheid, wat bijvoorbeeld voor de veiligheid op straat heel belangrijk is.

Doordat een kind soms zo goed discussiëren kan, kun je als ouders wel eens vergeten dat de bijna-vierjarige nog in een heel andere wereld leeft dan de volwassene. Het kind leeft volop in de fantasie, en daar gelden niet de logische wetten zoals wij die kennen. Door goed te kijken naar wat het kind in zijn spel laat zien en te luisteren naar wat het je vraagt, kom je het kind een stuk nader. Vaak zijn dan de dingen waar het mee zit of de angsten die het heeft beter te begrijpen. De vragen die een kind op deze leeftijd kan stellen over geboorte en dood en over de bedoeling van alles, zijn vaak groot. Het kind heeft daar de hulp van de volwassene bij nodig, die goed luistert en probeert te horen waar de vraag vandaan komt, maar niet alles direct invult. Ook zonder een pasklaar antwoord kun je met je kind over deze onderwerpen praten, en kun je het laten weten dat je het ook moeilijke vragen vindt en dat je er nog even over wilt nadenken.

Slapen en waken

Vaak is het ergens in dit jaar echt gedaan met de middagrust, doordat het kind het niet meer wil, of doordat de middagslaap 's avonds voor inslaapproblemen zorgt. Probeer aan de goede gewoonte vast te houden om in de middagrusttijd het kind op een rustig plekje, bijvoorbeeld op de eigen kamer, even wat voor zichzelf te laten doen. Zowel voor het kind als voor jezelf kan dat een weldadig rustpunt in de dag worden.

Een goed avondritueel bij het naar bed gaan, dat bestand is tegen het liedje van verlangen, blijft ook op deze leeftijd van belang.

In bed kan het kind, door de veranderende verhouding van hoofd en schouder, behoefte krijgen aan een hoofdkussen. Een dun kussen is het meest geschikt, een donskussen is te broeierig.

Als het kind ook 's nachts zindelijk aan het worden is, moet de pyjamabroek makkelijk uit kunnen, en moet het zelf uit bed kunnen stappen. Een hoogslaper levert wat dat betreft problemen op.

Ook in deze fase kan het kind 's nachts wakker worden met angsten (zie blz. 116).

Spel en speelgoed

Het spel van het kind komt in dit jaar in een nieuwe en rijke fase, nu het fantasiespel zich ontwikkelt. Alles wordt bij het spel betrokken; stoelen en tafels en lappen zijn nodig om een fantasiehuis te maken, met planken en blokken worden de wegen ernaartoe gemaakt, het kleed is de zee, en o wee als je erop loopt, dan krijg je natte voeten! Het kind bouwt zó'n eigen wereld op, dat je je bijna een vreemde kunt voelen in die wereld. Door mee te gaan in het spel en bijvoorbeeld alleen via de brug over het water te lopen als je er even langs moet, verstoor je die wereld niet.

Het kind heeft nu, naast het eerder genoemde speelgoed, behoefte aan dingen die bij dit nieuwe spel passen. Verkleedkleren en lappen zijn belangrijke attributen, maar ook poppen, kookspulletjes, conducteursattributen of een dokterskoffertje. Tegen het vierde jaar, als het kind toe is aan de kleuterschool, kan het soms al wat meer samenspelen, en het speelgoed met andere kinderen delen. Dit vermogen zal zich vooral door het goede voorbeeld en een liefdevolle omgeving verder kunnen ontplooien.

Knutselen doen kinderen op deze leeftijd graag, maar ze hebben vaak wel iemand nodig die ze op gang helpt.

Aan het eind van dit jaar zijn sommige kinderen toe aan echte gezelschapsspelletjes. Zij kunnen zich dan aan eenvoudige spelregels houden, en vinden het leuk om samen te spelen.

Verzorging

Op deze leeftijd kan een kind zich onder toezicht al een beetje zelf wassen, en het kan zich grotendeels zelf aankleden. Maar ook nu geldt: wat het kind kan, hoeft op deze leeftijd nog niet tot een ijzeren plicht te worden. Sommige kinderen komen 's ochtends traag op gang, en soms is de tijdsdruk zo groot, dat hulp bij het aankleden geboden is. Andere kinderen zijn bij het avondeten zo moe, dat het ze niet lukt om zelf het bordje leeg te eten, en ze nog even gevoerd moeten worden.
Veel kinderen hebben koude, en vaak klamme voeten. Was de voeten regelmatig, en zorg dagelijks voor schone en warme sokken.
Voor deze leeftijd zijn er in veel gemeenten al activiteiten waar beweging centraal staat, zoals peutergymnastiek. Voor kinderen die (te) veel energie hebben is dit vaak een heerlijke bezigheid.

Bijna alle kinderen zijn nu overdag zindelijk. In de loop van het vierde jaar worden de meeste kinderen ook 's nachts zindelijk. Als een kind overdag nog maar net zindelijk is, probeer dan niet te lang of de nacht ook al lukt – een paar natte lakens is meestal wel voldoende om daar achter te komen. Laat nog een tijdlang de luier 's nachts gewoon om, en zet het kind 's morgens direct na het wakker worden op de po of de wc. Te overwegen valt om het kind 's avonds nog een keer uit bed te halen om het te laten plassen. Welk moment daarvoor het juiste is zal per kind verschillen. Bij sommige kinderen is dat al een uur na het inslapen, omdat er dan een grote plas komt. Het is belangrijk dat het kind voor het plassen even wakker wordt gemaakt, anders leert het te plassen in de slaap. Sommigen leren bovendien door te worden gewekt sneller 's nachts droog te blijven.
    Als een kind zelf aangeeft zonder luier te willen slapen, is het zeker de moeite waard om daarop in te gaan, ook al levert dat misschien een paar keer een nat bed op. Er zijn met rubber geïmpregneerde zeiltjes te koop die niet klam slapen, en de matras goed beschermen. Het blijft vaak nog een tijdje nodig, het kind 's avonds uit bed te halen.
    Een kind vanaf de middag geen drinken meer geven om het bed droog te houden heeft geen zin en maakt het 's nachts droog blijven al snel tot een beladen onderwerp.
    Ook met vier jaar zijn er nog veel kinderen die 's nachts niet droog blijven; pas vanaf zes à zeven jaar wordt er officieel van bedplassen, en dus van een probleem, gesproken. Voordien worden de meeste kinderen vanzelf 's nachts droog.

Veiligheid

Driejarigen zijn wat betreft de veiligheid nog niet echt te vertrouwen. Daarom blijven de eerder genoemde veiligheidsmaatregelen van kracht.

Voeding en eetgewoonten

Hoewel veel kinderen nu volledig met de pot mee-eten en de perikelen rond het nee-zeggen meestal van de baan zijn, is het niet reëel te verwachten dat een kind alles lust, of altijd zijn bord leeg-eet. Zelfs van een volwassene is dat soms te veel gevraagd.

Wenselijk blijft een lacto-vegetarische voeding, maar in principe kan een kind vanaf nu alles eten. Er moet nu steeds individueler ingeschat worden wat een kind kan hebben. Ook geeft het kind steeds duidelijker aan wat het wel en niet wil eten.

Bij de voorkeur die een kind laat zien, is het goed om te kijken of dit niet een eenzijdigheid in de hand werkt of een eenzijdige ontwikkeling versterkt.

Het basisschema blijft: 3 hoofdmaaltijden en 2 tussendoortjes, of 4 maaltijden.

Brood
Het kind kan nu zo goed kauwen, dat het ook grof volkorenbrood (zonder hele korrels) en eventueel ook notenbrood of brood met zaadjes kan eten.

Zuivel
300-500 ml zuivel per dag blijft gewenst. Wanneer het kind veel kaas (bijvoorbeeld drie boterhammen met kaas) of kwark (een schaaltje) krijgt, kan dit minder zijn.

Granen
Ook haver en gerst kunnen nu als heel graan tot pap gekookt gegeten worden, maar thermogrutten blijven de voorkeur houden, omdat ze beter verteerbaar zijn. Verder zijn deegwaren (macaroni/spaghetti) en granenstamppotten van tot pap gekookte granen geschikt.

Peulvruchten
Het is niet nodig om peulvruchten te geven. Gedroogde peulvruchten zijn vrij zwaar verteerbaar, maar op deze leeftijd moet een kind in principe in staat zijn ze goed te verteren.

Kruiden
Geleidelijk kunnen meer kruiden aan het eten worden toegevoegd. Blijf nog wel terughoudend met scherpe kruiden en specerijen. De smaak van het kind vlakt af wanneer deze gebruikt worden.

Zout
Gebruik zout met mate, maar iets meer bij dromerige kinderen. Denk aan de nieren, die kunnen een teveel aan zout nog niet verwerken.

Eieren
Eén ei per week, bijvoorbeeld als bijzonder moment bij het ontbijt op zondagochtend. Verwerk verder met mate eieren in gerechten.

Vis
Kinderen hoeven op deze leeftijd geen vis te eten, maar het kan voor slechte eters een uitkomst zijn.

Vlees
Een lacto-vegetarische voeding voldoet, vlees is dus niet nodig. Als er wel vlees gegeten wordt, is het raadzaam biologisch of biologisch-dynamisch vlees te nemen.

Groenten
Ook alle koolsoorten, prei en uien kunnen nu gegeven worden, eventueel in soepen. Met kruiden als venkel, kummel en anijs kan veel wat zwaar is, lichter verteerbaar gemaakt worden. Rauwkost mag naast gekookte groenten nu een vast bestanddeel van het eten zijn.

Ziekten en zorgen

Over pijn en koorts

De meest voorkomende ziektesymptomen bij kleine kinderen zijn koorts en pijn.

Koorts is een hulpmiddel van het organisme om het afweersysteem optimaal te laten functioneren en de ziekte zo snel en zo goed mogelijk te overwinnen. Koorts op zichzelf is ongevaarlijk. Er heerst helaas een wijd verspreide angst voor koorts. Allereerst komt dat door de alom bekende koortsstuipen, die overigens weinig en alléén bij stijgende koorts voorkomen. Is een kind eenmaal ziek, dan is het gevaar van koortsstuipen geweken, ook al is de koorts nog zo hoog. Wat vaak gedacht wordt, maar niet zo is, is dat een kind dat koortsstuipen heeft gehad ook een grote kans heeft om epilepsie te krijgen. Koortsstuipen zijn in principe onschuldig, maar het is voor ouders altijd eng om bij hun kind te zien.

Geef als je kind ziek wordt vaker kleine beetjes te drinken. Bij koorts is zoet drinken, bijvoorbeeld in de vorm van kruidenthee met wat honing, het meest geschikt, omdat met zoet het suikergehalte in het bloed stijgt, en dit helpt een kind om de snel stijgende koorts goed te doorstaan. Dring geen eten op. Verder denken sommige ouders dat er door koorts plotseling iets mis kan gaan met de hersenen, het hart of een ander vitaal orgaan. Dat is absoluut onjuist. Uitsluitend de ziekte waardoor de koorts veroorzaakt wordt kan gevaarlijk zijn, zoals hersenvliesontsteking. Maar dan heeft een kind behalve koorts ook andere symptomen. Heel veel kinderen hebben koortsperioden waarvoor geen verklaring bestaat. Let dus bij koorts op andere verschijnselen zoals benauwdheid, hoesten, klachten bij het plassen of sufheid, om te beoordelen hoe ziek het kind is. Overleg tijdig om de onzekerheid uit de weg te ruimen, maar wees niet bang voor koorts!

Koorts onderdrukken heeft vooral nadelen, en weinig voordelen. De temperatuur gaat dan dalen en later weer stijgen, en juist daardoor voel je je beroerd! Verder is al gewezen op het belang van koorts voor het afweersysteem; door de koorts te onderdrukken kan het afweersysteem minder goed zijn werk doen. Wat wel aan te bevelen is, zijn 'citroenkousjes' (zie blz. 153) voor een onrustig of ijlend kind. De temperatuur wordt er niet altijd lager van, maar het kind voelt zich met deze maatregel vaak wat beter, en soms daalt de koorts er ook nog van.

Pijn treedt bij zeer veel kwaaltjes op. Het kan zinvol zijn om maatregelen tegen de pijn te nemen. Ten eerste om de pijn weg te werken, niet zelden ook om de nachtrust van iedereen te redden!

Een aantal eenvoudige remedies zijn:
- Warmte helpt goed bij buikpijn, kiespijn of keelpijn (broeiverband, zie blz. 156).
- Koude, meestal in de vorm van koud water of een ijskompres (zie blz. 156) kan goede diensten bewijzen bij verrekkingen, verstuikingen, bloeduitstortingen of spierletsel. Leg niet zomaar het ijs op de aangedane plek. Deppend te werk gaan is de beste methode en niet langer dan een kwartiertje. Later kun je het nog eens herhalen.
- Arnica zalf kan verrassend goed werken bij kneuzingen en gesloten kwetsuren.
- Bij oorpijn is het aanbrengen van een uienkompres achter het oor (zie blz. 155) een beproefd middel tegen de pijn en de oorontsteking.

Mocht dit allemaal niet helpen, dan kan eventueel een pijnstillend middel gegeven worden. Daarbij is het goed je te realiseren dat je dat doet om het kind en jezelf rust te geven, wat een hele terechte keuze kan zijn, maar dat je daarmee niet de ziekte geneest.

DE ROL VAN DE HUISARTS

Ouders kennen hun kind het beste en krijgen vaak als eerste het gevoel dat er iets niet in orde is. Intuïtief weet je ook vaak of er iets ernstigs aan de hand is of niet, tenzij je ziekte hoe dan ook eng vindt, en je ervan in paniek raakt. Ouders zijn emotioneel betrokken bij hun kind en zijn daarom niet de aangewezen personen om een diagnose te stellen, ook omdat de medische deskundigheid daarvoor ontbreekt. Daar zijn artsen voor. Je kunt jezelf veel onzekerheden besparen door tijdig met de huisarts te overleggen. Dat geeft rust en vertrouwen, en dat is voor een ziek kind van wezenlijke betekenis.

Kwaaltjes en ziekten

De babytijd wordt gekenmerkt door groeien, het eigen lijf leren kennen en het leren gebruiken. Ziekten komen normaal gesproken in deze tijd nauwelijks voor. In de peutertijd verandert daar iets in. Het kind gaat de wereld om zich heen ontdekken, en daar horen ook de verschillende infectieziekten bij waar het kind mee in aanraking komt. In die zin is het vrij normaal als een peuter regelmatig snottert of ziek is. Door het ondersteunen van de weerstand met goede kleding en voeding, het kind regelmatig buiten te laten komen en een aangepast levenstempo te bieden, geef je het de kans deze kwaaltjes en ziekten te leren overwinnen. Waar de weerstand verlaagd is door bijvoorbeeld recente vaccinaties of ingrijpende gebeurtenissen, kan medische ondersteunig gewenst zijn.

In dit hoofdstuk willen wij in kort bestek ingaan op een aantal veel voorkomende ziekten en kwaaltjes in de peutertijd, en wat je eraan kunt doen. Wij realiseren ons dat door de compactheid van dit hoofdstuk de lezer wellicht met allerlei vragen blijft zitten. Onze bedoeling is een indruk te geven wat je met antroposofische en natuurgeneesmiddelen, en met uitwendige behandelingen (zie blz. 151) voor een ziek kind kunt doen. Voor uitvoeriger informatie verwijzen wij naar de literatuuropgave.

Hoesten
Veel kleine kinderen hoesten nogal eens, al dan niet tijdens een bijbehorende verkoudheid. Dat is heel gewoon op deze leeftijd, daarom is alleen in bijzondere omstandigheden medische behandeling nodig. Van groot belang is of er in de familie astma, hooikoorts, allergieën of dauwworm voorkomen. Dan kan het hoesten duiden op dezelfde aanleg bij het kleine kind, en is behandeling gewenst. Bijkomende koorts die na drie dagen nog niet is gezakt, is altijd een reden om een arts te raadplegen. Rommel zelf niet met hoestdrankjes! Voor kinkhoest zie blz. 138.

Neusverkoudheid
Dit komt veel voor bij kleine kinderen en is onschuldig. Als een kind echter continu verkouden is, dan moet er een arts geraadpleegd worden.

Is een kind verkouden, komt er smerig groen snot uit de neus en heeft het een onwelriekende ademlucht, dan zal meestal de neusamandel ontstoken zijn, ook wanneer de temperatuur normaal is! Neusdruppels van kamillethee of fysiologisch zout (zie blz. 156) zijn handige eerste-hulpmiddeltjes, die je zelf kunt maken. Druppel zo'n zes maal per dag, drie druppels in elk neusgat. Voor het naar bed gaan een beetje neuscrème in elk neusgat maakt het ademen tijdens het slapen makkelijker.

Middenoorontsteking
Dit is wellicht de meest voorkomende ziekte van het kleine kind. Vaak na een korte verkoudheid, waarbij een vergrote neusamandel of een neusamandelontsteking een rol kunnen spelen, krijgt het kind plotseling oorpijn en koorts, en is het doof. Druk buiten op de gehoorgang doet pijn. Het kind is ziek en vaak huilerig.
Het verloop kan grillig zijn. Het kan spontaan na enige uren over zijn en nooit meer terugkomen. Maar het kan ook het begin zijn van een soms jarenlang slepend probleem, waarbij in enkele gevallen het plaatsen van 'buisjes' in het trommelvlies noodzakelijk is.
In eerste instantie kan volstaan worden met een behandeling met een pijnstillende maatregel (ui achter het oor) en neusdruppels (fysiologisch zout). Helpt dat allemaal niet, dan moet een arts geraadpleegd worden. Zoete-melkproducten kunnen de slijmvorming versterken, kies dus bij de voeding voor zure-melkproducten.

Doofheid
Dit komt veel voor tijdens en na een acute middenoorontsteking, omdat er dan vocht achter het trommelvlies aanwezig is (lijmoren). Deze doofheid verdwijnt bij bijna alle kinderen spontaan binnen drie maanden. Wanneer het (bijvoorbeeld door alweer een nieuwe oorontsteking) veel langer gaat duren, waardoor de spraakontwikkeling van het kind bedreigd wordt, het kind sociaal niet meer goed functioneert of de algemene gezondheidstoestand eronder lijdt, kan het plaatsen van trommelvliesbuisjes uitkomst bieden.

Opgezette klieren
Deze komen bij peuters veel voor. Het gaat dan om de klieren in de hals, vooral die bij de hoek van de onderkaak. Meestal is dit van onschuldige aard en gaat het vanzelf voorbij. Twee uitzonderingen hierop zijn van belang.

Halslymfeklier-ontsteking
Dit komt meestal aan één kant, soms ook dubbelzijdig voor. Deze ontsteking leidt tot extreem grote klierzwellingen. Bij een eenzijdige ontsteking houdt het kind het hoofd voortdurend scheef. De klachten zijn meestal koorts en pijn. Overleg met de arts is nodig.

Angina
Een pijnlijke ontsteking van de keelamandelen. Het kind heeft rond de 38,5°C koorts, keelpijn, en pijn bij het slikken. Omdat het vaak niet wil slikken en ook zijn eigen speeksel niet doorslikt, gaat het kind kwijlen.

Pijn bestrijden en een broeiverband om de nek behoren tot de eerste-hulpmaatregelen. Overleg met de huisarts is nodig.

Pseudocroup
Dit is een virale ontsteking van een bepaald gebied bij het strottenhoofd (adamsappel). Zij treedt meestal zeer acuut op, vooral op warme vochtige avonden, wat later op de avond. Het kind heeft het benauwd, is angstig en onrustig en heeft een vreemde, ruwe, diepklinkende blafhoest. Ook kan het koorts hebben. Het beeld kan zo indrukwekkend zijn, dat de ouders in paniek raken. Daardoor wordt de situatie alleen maar erger. Een beproefde behandeling is 'stomen'. Neem het kind mee naar badkamer, zet de hete douche aan en neem het kind op schoot. Een liedje neuriën en wat wiegen stelt het kind op z'n gemak. Meestal knapt het kind hier snel van op. Zelf heb je het in zo'n 'stoombad' minder makkelijk. Het lijkt wel een sauna! Als de benauwdheid een stuk minder is geworden, kan het kind weer naar bed. Meestal blijft het nog een tijd hees, heeft nog zwaar klinkende hoestbuien en koorts. In de dagen daarna verdwijnen deze verschijnselen doorgaans, zonder een spoortje na te laten. Omdat dit ziektebeeld er zo dramatisch uitziet, is overleg met de arts wenselijk. Deze kan vaak door de telefoon de pseudocroup-hoest herkennen en advies geven.

Impetigo of krentenbaard
Dit is een ontsteking die meestal in de buurt van de mond en/of de neusgaten voorkomt. Rode plekken, gele korsten en het optreden van blaasjes met pus is het meest kenmerkend. Het is erg besmettelijk! Vaak zijn er kinderen in de buurt met een 'omloopje', een ontsteking bij de nagel, of met keelontsteking, omdat dezelfde bacterie hierbij een rol speelt. Raadpleeg de arts.

Luizen
Hoofdluis komt veel voor bij kinderen op basisscholen, maar ook op jongere leeftijd kan een kindje dergelijke 'gasten' opdoen. Besmetting kan bijvoorbeeld gaan via het dragen van een muts van een ander, of via een knuffel of een hoofdkussen. Luizen zijn kleine grauwe beestjes die met het oog te zien zijn. Ze zijn ongeveer zo groot als de kop van een lucifer. De luis leeft van bloed dat hij uit de hoofdhuid zuigt. Die wondjes kunnen jeuken, maar veel kinderen hebben geen symptomen. Het vrouwtje legt eitjes (neten), die ze aan een haar vastplakt. Zo'n neet is wit of lichtgeel, ongeveer 1 mm groot en komt na zeven tot tien dagen uit.
De aanpak van hoofdluis moet gericht zijn op het kind zelf en op de mensen in de omgeving, vanwege het besmettingsgevaar. Iedereen in de omge-

ving moet worden nagezien. Voor kleding waar luizen op zouden kunnen zitten is wassen op zestig graden afdoende. Ook kunnen kleren of beddengoed een week in een afgesloten plastic zak worden weggezet. De snelste therapie voor het kind is kaalscheren, maar dat is wel erg rigoureus. In plaats daarvan is het dagelijks, gedurende veertien dagen, geduldig kammen van het haar met een luizenkam (met name van het merk Nisska) doeltreffend. De neten laten makkelijk los als de kam regelmatig in een kom met een azijnoplossing wordt gedoopt. Deze behandeling werkt altijd, maar kost veel tijd.

Anti-luismiddeltjes dringen makkelijk door de huid en zijn daarom af te raden.

Wormen

Wormen komen bij peuters veel voor. Meestal gaat het dan om 'maden', 1 cm lange draadvormige witte wormpjes, die in of op de ontlasting te zien zijn. Het kind kan last hebben van jeuk aan de anus en buikpijn, en meisjes kunnen er een vaginale infectie van krijgen. Er zijn veel natuurlijke kuren verzonnen om het kind ervan af te helpen. De ervaring leert dat eigenlijk alleen 'anti-wormmiddelen' effectief zijn. De mening dat worminfecties met slechte hygiëne te maken zouden hebben, wordt in de praktijk niet bevestigd. Wel is het zo dat worminfecties besmettelijk zijn, en dat vaak meerdere leden van het gezin besmet zijn.

Blaasontsteking

Dit is vooral een 'meisjeskwaal'. Pijn bij het plassen, vaker moeten plassen en het hebben van loze aandrang (wel moeten maar niet kunnen) zijn de hoofdsymptomen. Komt er ook nog koorts bij, dan is het beeld compleet. Laat zo mogelijk de suiker uit de voeding weg en geef het kind veel te drinken. Zure, vitamine C-rijke drankjes, zoals sinaasappelsap en cranberrysap maken de urine zuur, waardoor de blaasontsteking vaak vanzelf overgaat. Urinecontrole door de arts is wel nodig. Houd verder het onderlichaam en de benen van het kind warm met bijvoorbeeld een wollen maillot en warme sokken.

Braken

Een kind ouder dan één jaar droogt niet gemakkelijk uit. Veel kinderen zullen ooit braken. Let dan op het volgende: braken zonder koorts en diarree is over het algemeen onschuldig. Braken met koorts duidt meestal op een (darm)infectie. Zeker als er sprake is van braken, koorts en diarree is het nodig goed op te letten en te overleggen met de arts.

Een risico van veel braken is uitdrogen. Koorts kan een uitdrogingsverschijnsel zijn, maar ook minder dan twee plasjes per dag, huilen zon-

der tranen, of sufheid zijn alarmsymptomen voor uitdroging. Overleg dan zeker met de arts.
Wanneer er geen alarmsymptomen zijn, kan de behandeling bestaan uit eerst een periode vasten. Laat het kind 3 tot 6 uur niet eten of drinken. Het mag wel de mond spoelen met bijvoorbeeld appelsap. Is het braken gestopt, begin dan met een half bekertje venkel- of kamillethee. Een goed recept is ook rijstewater met bouillon in gelijke delen gemengd. Een kamillewikkel of -kompres op de buik doet soms wonderen. Knapt het kind iets op, dan kan het iets lichtverteerbaars en hartigs eten. Wanneer er na een halve dag geen verbetering optreedt, neem dan contact op met de arts.

Diarree
We spreken van diarree als de ontlasting waterdun is en meer dan 4 tot 6 maal per dag komt. Als dit in combinatie met braken gebeurt, en het kind ook nog koorts heeft, is het een situatie waarbij de arts geraadpleegd dient te worden. Is dat niet het geval, dan kan na een korte vastenperiode hetzelfde dieet als bij braken gebruikt worden. Norit of berkenkool (Carbo Betulae-poeder) kunnen een goede hulp zijn, evenals een kamillewikkel of -kompres. Als het kind hierop goed reageert, kan ook dunne pap van verdunde melk, yoghurt, bouillon, kruidenthee of eventueel slappe zwarte thee gegeven worden. De volgende dag de voeding uitgebreid worden met lichte, suikerarme producten, zoals (geroosterd) witbrood, zachte groenten en witte rijst. Gekookte wortel en ongekookte, geraspte appel werken goed op de ontregelde darmen. Als de ontlasting daarna uitblijft, ga dan over op lichtbruin brood, maar vermijd nog een aantal dagen prikkelende en zware voeding. Houdt de diarree daarentegen aan, schakel dan de arts in.
Bij breiïge ontlasting spreken we dus niet van diarree. Veel kleine kinderen produceren breiïge ontlasting. Als de ontlasting zuur of bedorven ruikt en slecht verteerd is, is het zinvol om samen met de arts of verpleegkundige van het consultatiebureau te kijken naar de voeding van het kind. Een onevenwichtige voeding waarin te weinig vet of te veel suiker voorkomt, een te vezelrijke voeding en grote hoeveelheden appelsap kunnen de ontlasting dun maken (bij biologisch appelsap treedt dat trouwens minder snel op).

Verstopping
In de loop van de eerste vier jaar dikt de ontlasting van een kind van nature steeds meer in. Er is sprake van verstopping als de ontlasting sterk ingedikt en hard is, en de stoelgang daardoor pijnlijk wordt en te weinig of niet komt. Als de ontlasting een aantal dagen uitblijft, kan de buik hard aanvoelen. Het kind voelt zich er niet lekker door en heeft minder trek in eten. Een warme kruik of een kamillewikkel op de buik en warme benen

en voeten kunnen ontkrampend werken.

Oorzaken van verstopping kunnen zijn: stoppende voeding, te weinig drinken, pijn bij het poepen, te weinig beweging, spanning en drukte. Als een kind langere tijd achter elkaar verstopping heeft, kunnen de darmen vol gaan zitten met ontlasting, en loopt er soms alleen wat dunne ontlasting langs, die dan in het ondergoed terug te vinden is.

Voeding die stoppend werkt: alle voeding waarin witte suiker en bloem verwerkt is, banaan, toost, kaneel, geraspte appel, chocolade, rijstwafels. Volkorenproducten en verse groenten en fruit kunnen in dit geval de verstopping verhelpen. Citrusvruchten, bietjes, geweekte gedroogde pruimen, havermout en zure-melkproducten werken stimulerend op de darmen.

Onvoldoende drinken kan ook tot verstopping leiden. Een kind dat naar verstopping neigt heeft ruim een liter vocht per dag nodig.

Soms zitten er kleine kloofjes in de anus. Het kind zal dan de aandrang om te drukken zolang mogelijk tegenhouden. Raadpleeg in dat geval de arts.

Verder kunnen spannende gebeurtenissen als een verhuizing, of het gaan naar een peutergroep, spanning in het gezin of een te strakke zindelijkheidstraining verstopping veroorzaken. Probeer de spanning weg te nemen en zorg verder voor voldoende vocht en laxerende voeding.

Kinder-EHBO

Hieronder volgen enige algemene aanwijzingen die handig kunnen zijn bij veel voorkomende huis-, tuin-, en keukenongevalletjes. Deze aanwijzingen kunnen nooit een deskundig medisch advies vervangen!

Bloedneus
Kinderen hebben nogal eens een bloedneus. Laat de neus goed leeg snuiten. Druk daarna gedurende vijf minuten de neus dicht, juist onder het benige harde deel. Houd het hoofd licht voorover terwijl het kind rechtop zit. Deze procedure moet soms een aantal malen herhaald worden. Angst voor een neusbloeding is niet terecht als de bloeding niet langer dan 1 uur duurt. Raadpleeg als de bloeding langer duurt een arts.

Hersenschudding
Symptomen van een hersenschudding zijn: bewustzijnsverlies direct na de klap ('even weg geweest') en/of braken binnen enige uren. Hoofdpijn hoeft geen symptoom te zijn! Binnen 24 uur kan koorts ontstaan, soms tot 40°C.

Gun het kind rust. Vermijd prikkeling van de zintuigen door geluid, televisie, enzovoort. Geef een arnica-kompres op het voorhoofd (met verdunde Arnica essence 20%) of smeer er als dit niet voorhanden is arnica zalf 10% op. Geef verder 6 maal daags 10 druppels Arnica D3. Is de klap erg hard aangekomen, dan is het raadzaam om de eerstvolgende nacht het kind om de twee uur wakker te maken. Zo wordt voorkomen dat een later optredende bloeding binnen de schedel niet opgemerkt zou worden. In dat geval is het kind niet meer te wekken en is medische hulp onmiddellijk nodig.

Insectenbeten
Teken kunnen de tekenbeetziekte overbrengen, een ziekte waarbij zich op den duur gewrichtsontstekingen en neurologische aandoeningen kunnen voordoen. Teken moeten daarom altijd en zo snel mogelijk verwijderd worden. Doe dit met een tekentang of een pincet en desinfecteer daarna de steekplek. Rommel niet met ether, alcohol, olie of andere spulletjes. De teek ledigt dan de maag, waardoor de tekenbeetziekte juist bevorderd wordt! Een teek moet langer dan 24 uur in de huid gezeten hebben om tekenbeetziekte te kunnen overbrengen. Verdere behandeling is niet nodig. Ontstaat er in de weken daarop een zich langzaam uitbreidende rode hof rond de tekenbeet, raadpleeg dan de arts.

Verwijder bij wespen- en bijensteken eventueel de angel, maar doe dat correct. Zit de gifblaas nog aan de angel en knijp je met een pincet in de gifblaas, dan dien je als helper nog een extra dosis gif toe! Pak dus de angel zélf met je pincet. Zuig daarna de steekplek krachtig uit. Als er een blauwe plek is ontstaan, weet je dat je hard genoeg gezogen hebt! Behandel daarna de steekplek met Combudoron brandwondenzalf of met Combudoron spray.

Andere insectenbeten kunnen met dezelfde middeltjes behandeld worden. Prrikweg zalf helpt goed tegen de jeuk.

Als een kind met heftige lichamelijke reacties reageert op een insectenbeet, is het raadzaam contact op te nemen met de arts.

Jeuk
Jeuk komt veel voor. Er kunnen talloze redenen voor zijn, die er vaak niet eens toe doen. Mentholpoeder of deppen met 1:10 verdunde Combudoron brandwondenvloeistof helpt vlot.

Verbrandingen
Spoel verbrandingen op de open huid meteen met koel water gedurende 15 minuten af. Is de verbrande plek bedekt door kleding, let dan op: kunststofvezels kunnen gesmolten zijn en in de huid vast gaan zitten. Verwijder deze dan niet! Je zou de brandwond onnodig kunnen verdiepen omdat

je de huid meetrekt met de kleding! Spoel dan de huid met kleding en al. Bestaat de kleding uit natuurvezels, dan kun je deze ongestraft verwijderen om zo de brandwond beter te kunnen behandelen.

Alleen als de huid gesloten blijft, er geen blaren ontstaan of witte plekken in een ontvelde brandwond, is zelf behandelen verantwoord, mits er schoon gewerkt wordt. Geef als eerste koude, natte Combudoron-kompressen (met verdunde Combudoron brandwondenvloeistof), die steeds weer ververst moeten worden als de brandplek pijn gaat doen. Ook Combudoron brandwondengel werkt verkoelend. Behandel daarna de plek met Combudoron brandwondenzalf.

Let op: veel pijn betekent niet dat het een erge brandwond is. Juist de oppervlakkige brandwonden (eerstegraads) doen zo'n pijn, omdat de zenuwen nog intact zijn. Bij diepere brandwonden zijn deze beschadigd, waardoor de wond pijnloos wordt.

Vergiftigingen
Overleg altijd met de arts. Schaf wel de *Gifwijzer* aan. Hier staan nuttige wenken op.

Verstuikingen/verzwikkingen
Arnica is voor dit soort letsels het aangewezen middel. Geef om de ergste pijn en zwelling tegen te gaan een koud en nat arnicakompres (met verdunde Arnica essence 20%). Smeer de pijnlijke plek daarna niet te dun in met Arnica zalf 10% en zwachtel hem in.

Snijwondjes
Spoel snijwondjes af met lauw water, dep ze droog en doe er een pleister op. Bloedingen stoppen meestal pas na vijf minuten.

Schaafwondjes
Dep een schaafwondje met lauw water schoon en dep het dan droog. Doe er eventueel Wecesinpoeder en een pleister op.

Ontstoken wondjes of plekjes
Eén nacht een nat verband met kamillethee of calendula (Calendula essence 20%, verdund) is vaak voldoende bij onstoken wondjes of plekjes. Sluit het natte verband níet af met plastic! Is de ontsteking weg, dan kan het wondje met Calendula wondzalf ingesmeerd worden.

Zonnebrand
Kinderen zijn meestal gevoeliger voor zon dan volwassenen. De laatste

jaren is het ruim onder de publieke aandacht gebracht, dat te veel zon op de huid slecht is voor de gezondheid. Bij kinderen is in dit geval dus extra voorzichtigheid geboden. Of een kind te veel zonlicht gehad heeft moet je niet alleen aflezen aan de huid, maar ook aan de verdere reacties zoals hoofdpijn en misselijkheid. Het devies is dan: zet het kind uit de zon. Gelukkig zoeken veel kinderen uit zichzelf de schaduw op, of een donker plekje in huis. Zorg op het strand altijd voor een zonnehoedje en wat schaduw, en trek het kind tijdig voldoende bedekkende kleding aan. Gebruik een zonnebrandcrème met een beschermingsfactor van 10 of hoger.
Een rode huid kan op dezelfde manier behandeld worden als oppervlakkige brandwonden (zie blz. 135).

Door thuiszorgorganisaties worden ook cursussen kinder-EHBO gegeven. Er bestaat ook via internet een cursus: www.eerstehulpinhuis.nl. Andere nuttige adressen zijn: www.gifwijzer.nl, www.valwijzer.nl, www.brandwondenwijzer.nl, www.eerstehulpwijzer.nl en www.ehbo.nl.

Kinderziekten

Wanneer een kind een kinderziekte doormaakt, is dat meestal een ingrijpende gebeurtenis. Ten eerste het ziekzijn zelf. De meeste kinderen herinneren zich vaak scherp hun mazelen, bof, waterpokken, enzovoort. Ten tweede kan het in de ontwikkeling van het kind een hele stap vooruit betekenen. Het is niet zo gebruikelijk om ziekte als een ontwikkelingsstap te beschouwen die verder gaat dan het verwerven van een levenslange afweer tegen de ziekte. Opvallend veel ouders kunnen echter precies beschrijven wat er aan hun kind veranderd is door de ziekte. Dat kan te maken hebben met de zindelijkheid, de spraakontwikkeling of andere ontwikkelingskenmerken. Vaak ook beschrijven ouders dat er na de kinderziekte een eind is gekomen aan een periode van kwakkelen en hangerig zijn waarvoor alsmaar geen verklaring werd gevonden. Wie deze beschrijvingen serieus neemt en ze ook nog kan herkennen aan kinderen, gaat kinderziekten ervaren als ontwikkelingsstappen van het kind. Een dergelijke visie kan een genuanceerde kijk geven op inenten (zie *Groeiwijzer van nul tot één jaar*).

Hieronder zullen de kinderziekten kort beschreven worden. Daarbij wordt vermeld wat de complicaties kunnen zijn. De complicaties vormen namelijk een belangrijke oorzaak voor de inentingscampagnes. Hierdoor kan het beeld van het reële gevaar van kinderziekten vertekend raken, terwijl de bijwerkingen van de inentingen meestal worden onderschat.

Relatief ontstaan bij een heel laag percentage van de kinderen die een kinderziekte doormaken complicaties. Voor het individuele kind dat daardoor getroffen wordt is het daarom niet minder erg.

De klassieke kinderziekten zijn zeldzaam geworden door het inentingsprogramma. Onder 'kinderziekten' wordt een speciale groep ziekten verstaan. Het zijn de infectieziekten die vooral bij de kinderleeftijd horen: difterie, kinkhoest, tetanus, polio, mazelen, de bof, rode hond, meningitis, waterpokken, roodvonk, de vijfde en de zesde ziekte. Tegen de eerste acht ziekten (tot en met meningitis) kun je je kind laten inenten (zie blz. 142).

Difterie
Komt in Nederland op dit moment niet meer voor.

Kinkhoest
Kinkhoest komt nog vrij veel en in allerlei gradaties voor, ook bij ingeënte kinderen. Kinderen en volwassenen die na het directe contact met een kinkhoestpatiëntje langdurig gaan hoesten, hebben in de regel óók kinkhoest!
  Het ziektebeeld is zo dat het kind overdag meestal gezond is. Vooral in de nacht treden de typische hoestbuien op. Een aantal malen krijgt het kind een hevige hoestbui met een gierende ademhaling, waarin het lijkt te zullen stikken. Aan het eind van de aanval moet het kind vaak braken. Dat betekent ook meteen het einde van de hoestbui en daarna kan het kind zich weer ontspannen. Is de aanval voorbij, dan valt het kind weer rustig in slaap. De ouders daarentegen zien gedurende enige weken hun nachtrust verstoord. Door om de beurt bij het kind te slapen kom je zo'n periode het beste door. Bij het kleine kind, ouder dan één jaar, is kinkhoest weliswaar een hele klus voor het gezin, maar het is doorgaans geen gevaarlijke ziekte. Raadpleeg wel een arts.
  De besmettelijkheid is groot en duurt van 1 week vóór tot 3 weken na het begin van de aanvallen. De incubatietijd is 7 tot 10 dagen. De complicaties die kunnen optreden zijn middenoorontsteking en longontsteking, maar deze zijn zeldzaam.

Tetanus
Dit is eigenlijk geen kinderziekte. Je kunt gedurende je hele leven besmet worden, vooral na verwonding door ongevallen en dierenbeten.

Poliomyelitis – kinderverlamming
Deze ziekte komt in Nederland uitsluitend bij niet-ingeënte kinderen voor. Het is een ontsteking van het zenuwstelsel en leidt in 5% van de besmet-

tingsgevallen tot verlamming(en) en de daarbij behorende misvormingen van de ledematen en/of de romp.

Mazelen
Mazelen is één van de 'rode-vlekjes-ziekten'. Na een paar dagen verkoudheid met koorts verdwijnt de koorts. Het kind lijkt op te knappen, maar wordt dan enige dagen later opnieuw flink ziek en heeft koorts en nattende rode ogen die ontstoken zijn, waardoor het kind geen licht verdraagt. Het is erg snotterig en hoest met een natte, grove hoest. Tegelijkertijd verschijnen steeds meer rode vlekjes op het lichaam. Eerst zijn de vlekjes klein, maar al de tweede dag worden ze groter om daarna samen te vloeien tot grote rode vlekken en langzaam weer te verdwijnen. Na tien dagen is het proces voltooid en het kind genezen, waarbij er wel rekening mee moet worden gehouden dat het kind daarna nog zeker een week zeer kwetsbaar blijft.

De besmettelijkheid is zeer groot en ontstaat door direct contact van kind tot kind. De incubatieperiode is 10 tot 12 dagen.

Sporadisch treden er complicaties op, in de vorm van een middenoorontsteking of een longontsteking. Een zeer zeldzame complicatie kan de hersenen aantasten, waardoor het leven van het kind op langere termijn bedreigd wordt.

De bof
Dit is een onschuldige kinderziekte. Wel kunnen oudere kinderen en volwassenen die deze ziekte doormaken er zéér ziek van zijn. De oorspeekselklieren (meestal beide) zijn ontstoken en er kan een voorbijgaande irritatie van de hersenvliezen optreden.

De besmettelijkheid is niet zo groot en besmetting ontstaat door direct contact. Patiënten zijn besmettelijk vanaf enige dagen voor het begin van de symptomen tot de klierzwelling verdwenen is. De incubatietijd is 12 tot 24 dagen.

Complicaties: bij oudere jongens of mannen kan een zeldzame complicatie ontstaan in de vorm van een ontsteking van de bijbal. In weer slechts een klein deel van de gevallen kan deze complicatie tot verminderde vruchtbaarheid leiden.

Rode hond
Dit is een 'rode-vlekjes-ziekte' waarbij de diagnose niet altijd makkelijk te stellen is omdat er zo weinig verschijnselen zijn. Er zijn kleine puntvormige rode vlekjes, beginnend achter de oren, die zich allengs uitbreiden over het gehele lichaam. Op het achterhoofd komen bijna altijd

verdikte lymfeklieren voor. Het is een onschuldige ziekte; soms komen voorbijgaande gewrichtsklachten voor.
De besmettelijkheid is niet zo groot. Een patiënt is besmettelijk van één week voor de symptomen tot een week na het begin van de rode vlekjes. De incubatietijd is 12 tot 21 dagen.
Complicaties: wanneer een zwangere vrouw rode hond krijgt in de eerste drie maanden van de zwangerschap, kunnen er beschadigingen optreden aan de hersenen en de zintuigen van het kind. Daarom kan het zinnig zijn een vrouw die zwanger wil worden en nog geen rode hond heeft gehad, enige maanden daarvoor in te enten tegen rode hond.

Meningitis of hersenvliesontsteking
Er bestaan verschillende soorten hersenvliesontsteking, waarbij er een grove indeling gemaakt kan worden tussen ontstekingen die door een virus en ontstekingen die door een bacterie veroorzaakt wordt. Hersenvliesontstekingen met een virale oorsprong genezen eigenlijk altijd zonder schade na te laten. De andere soorten kunnen wel tot complicaties lijden. Tegen de menigitis waarbij de bacterie Haemofilus Influenzae een rol speelt en die vooral vóór het eerste jaar tot ernstige complicaties kan lijden, is het Hib-vaccin ontwikkeld. Ook de pneumokokkenbacterie kan vooral in het eerste jaar in zeldzame gevallen hersenvliesontsteking veroorzaken; mede om die reden is in 2005 de pneumokokkenvaccinatie in het eerste jaar ingevoerd.
Na het eerste jaar is het grootste meningitis-risico voorbij, maar niet geheel. Om die reden wordt met 14 maanden de meningokokken C-vaccinatie gegeven. Bij koorts moet u alert blijven op symptomen van meningitis. De eerste verschijnselen lijken op gewone grieperigheid, maar al snel wordt het kind ernstig ziek met hoge koorts. Er kan sprake zijn van sufheid en verwardheid. Alarmsymptomen zijn nekstijfheid en pijn als het hoofd naar voren wordt bewogen en/of kleine huidbloedinkjes. Eén van deze verschijnselen is reden om direct een arts te waarschuwen.

Waterpokken
Waterpokken dient zich meestal aan als een verkoudheid met koorts en kleine rode vlekjes. Al snel verschijnen er in de eerste vlekjes heldere blaasjes met vocht van 2 tot 6 mm groot, die meestal jeuken. De vlekjes en blaasjes ontstaan na elkaar en kunnen ook in de mond en de keel voorkomen. De blaasjes gaan kapot, worden korstjes en uiteindelijk geneest het plekje. Grote blaasjes laten nogal eens een litteken achter.
De besmettelijkheid is zeer groot en ontstaat door direct contact. Degenen die met het kind omgaan kunnen de ziekte ook overbrengen; echter met enkele minuten buiten 'uitwaaien' wordt dit voorkomen. De

patiënt is besmettelijk van 1 dag voor de komst van de vlekjes totdat alle blaasjes zijn ingedroogd. De incubatietijd is 14 tot 21 dagen. Er zijn geen opvallende complicaties bekend.

Roodvonk
Roodvonk ontstaat na een keelontsteking van een bepaald type. Na enige dagen koorts (waarbij het kind meestal een keer braakt) verschijnen 'rode vlekjes' in het gezicht, vooral op de wangen, met vrijlating van het gebied rond de mond. Het kind heeft gloeiende droge ogen en keelpijn. Rond de derde dag verschijnen de vlekjes ook op de romp en ledematen. Na de ziekte vervellen vaak de handen en de voeten. Volwassenen die besmet raken door het kind krijgen keelontsteking. Wees dan alert op de hier genoemde complicaties, die ook bij volwassenen kunnen optreden. Bij deze ziekte verwerft het kind geen levenslange immuniteit tegen infecties met dezelfde bacterie. Je kunt het dus meerdere keren krijgen.

De besmettelijkheid is niet zo groot. De incubatietijd is 1 tot 7 dagen.

Van roodvonk zijn nogal wat complicaties bekend: ontsteking aan het hart en de hartkleppen, acute reuma (gewrichtsontsteking), nierontsteking en 'Sint Vitusdans', die berust op een ontsteking in de hersenen, waardoor het kind met een vreemd dansende gang gaat lopen. Deze complicaties zijn relatief zeldzaam, maar werden vóór de tijd van de penicilline toch nogal eens gezien.

De vijfde ziekte
Dit is een weinig opvallende ziekte, die wat lijkt op rode hond. Kleine rode kringetjes, diffuus verspreid over de romp, is het enige echte verschijnsel. Soms heeft het kind verhoging.

De incubatietijd is 7 tot 17 dagen. Er zijn geen complicaties bekend.

De zesde ziekte
Dit is een volstrekt onschuldige ziekte. Hij komt vooral voor bij jonge kinderen. Na drie tot vijf dagen forse koorts, waarvoor geen reden wordt gevonden en waarvan het kind nauwelijks tot niet ziek lijkt, verdwijnt de koorts abrupt en op dat moment verschijnen kleine rode vlekjes, beginnend op de romp, daarna ook op armen en benen.

De incubatietijd is 7 tot 14 dagen. Het doormaken van de ziekte geeft levenslange immuniteit. Er zijn geen complicaties bekend.

Inentingen

In het eerste levensjaar valt meestal de beslissing of het kind ingeënt gaat worden en zo ja tegen welke ziekten. Als het reguliere inentingsschema gevolgd wordt, heeft een kind op éénjarige leeftijd vier maal een DKTP-, een pneumokokken- en een Hib-vaccinatie gehad, en sommige kinderen een hepatitis B vaccinatie. Dat wil zeggen dat het kind tegen Difterie, Kinkhoest, Tetanus, Polio, Haemophilus influenza (type b) en pneumokokken is ingeënt. Volgens het reguliere schema krijgt het kind met 14 maanden de BMR-vaccinatie tegen Bof, Mazelen, Rode hond en Meningokokken C. Op vierjarige leeftijd volgt een herhalingsenting met DKTP, en op negenjarige leeftijd volgen herhalingsentingen met DTP en BMR, voor het op peil houden van de antistoffen.

In *Groeiwijzer van nul tot één jaar* hebben wij gezichtspunten gegeven die ouders kunnen helpen om een eigen beslissing te nemen over het al dan niet inenten. Na afweging, vaak samen met de huisarts of de arts van het consultatiebureau, kunnen ouders op een ander schema uitkomen dan het reguliere inentingsschema, aangepast aan het kind en aan de eigen visie.

Omdat deze beslissing vaak al eerder gevallen is dan de leeftijdsfase waar het in dit boek om gaat, willen wij hier volstaan met het noemen van een aantal praktische gegevens die van belang zijn bij een afwijkend schema. Voor meer inhoudelijke gezichtspunten verwijzen wij naar *Groeiwijzer van nul tot één jaar* en naar *Gezichtspunt 42. Inenten , waarom wel, waarom niet*, te bestellen via www.gezichtspunten.nl.

- Het reguliere inentingsschema ziet er als volgt uit:
  14 maanden: BMR I + Men C
  4 jaar: DTP V + K (alleen voor kinderen die volledig tegen DKTP zijn gevaccineerd)
  9 jaar: DTP VI + BMR II
- Als ná het eerste jaar begonnen wordt met vaccineren, kan, wat betreft de D(K)TP, met één inenting minder volstaan worden. Tussen de eerste en de tweede inenting moet een pauze van minimaal één maand zitten, een wat langere periode mag ook. Hierbij is het van belang om je te realiseren dat hoe langer je wacht, des te verder het moment opschuift waarop het kind optimaal beschermd is voor de ziekten waartegen het wordt ingeënt.
  Tussen de tweede en de derde inenting moet een pauze van minimaal zes maanden zitten; een langere periode mag ook. Ook hier geldt de overweging dat hoe langer men wacht, hoe langer het duurt voordat het kind optimaal beschermd is.

- De vaccinaties op vier- en negenjarige leeftijd kunnen, als pas na het eerste jaar met vaccineren begonnen is, ook een jaar later gegeven worden. De termijn bij deze vaccinaties luistert niet zo nauw.
- D(K)TP en BMR kunnen desgewenst gecombineerd worden, waarbij dan één injectie in de ene, en één injectie in de andere arm of been gegeven wordt. Je kunt dan echter niet meer beoordelen op welk vaccin het kind reacties vertoont.
- Bij overwegingen over het al dan niet laten vaccineren met het BMR-vaccin kan ook de mogelijkheid betrokken worden het kind pas op de middelbare-schoolleeftijd in te laten enten, als het de betreffende ziektes dan nog niet heeft doorgemaakt.
- Als je het Hib-vaccin wilt geven, doe het dan volgens het reguliere schema. Mocht het kind in het eerste jaar niet met het Hib-vaccin ingeënt zijn en heb je daar om wat voor reden spijt van, dan kan het kind ook na het eerste jaar ingeënt worden. Na het eerste jaar kan met één vaccinatie worden volstaan.
- In speciale gevallen valt ook de vaccinatie tegen hepatitis B onder het rijksvaccinatie programma. De entadministratie geeft dit dan door aan de ouders en stuurt extra kaarten hiervoor toe.
- Sommige van de bovengenoemde vaccins zijn ook los, op doktersrecept, verkrijgbaar. Informeer zelf bij de huisarts of apotheek. Houd er rekening mee dat u de vaccins zelf zult moeten betalen. Sommige aanvullende verzekeringen vergoeden een deel.
- Vaccinaties kunnen worden begeleid door antroposofische of homeopathische medicatie. Overleg eventueel met uw CB-arts.

Omgaan met zieke kinderen

In het eerste hoofdstuk van dit boek is genoemd dat het van belang is dat een kind de tijd krijgt, en dat geldt zeker ook voor het ziek zijn. Om goed beter te kunnen worden moet een kind ook de tijd en de rust krijgen om echt ziek te kunnen zijn, en goed uit te kunnen zieken. Dat is uiteraard makkelijker gezegd dan gedaan, omdat ziekte vrijwel altijd ongelegen komt, en het hebben van een ziek of kwakkelend kind veel energie vraagt van de ouders.

Als ouders moet je er eigenlijk van uitgaan dat een peuter regelmatig ziek zal zijn, en dat je dus van tevoren oplossingen bedacht moet hebben voor hoe je dat wilt opvangen. Dat scheelt op het moment dat het kind daadwerkelijk ziek wordt misschien al een heleboel onrust, en geeft wellicht de ruimte om van het ziek-zijn een speciale en gezellige tijd te maken.

Voor een kind is het prettig als er rondom het ziek-zijn een aantal vaste gewoonten opgebouwd wordt, zoals: als je koorts hebt mag je beneden in een slaapzak op de bank, of in een campingbedje, en als je weer wat beter bent mag je warm aangekleed in een trainingspak of iets dergelijks rondlopen. In principe raden we aan vast te houden aan de regel: met koorts in bed, dan één dag koortsvrij binnen, en daarna nog één dag thuis blijven. Als een kind een kinderziekte heeft doorgemaakt, heeft het wellicht langer tijd nodig om op te knappen. Je moet dan vooral op je gevoel afgaan, wat het goede moment is dat het kind weer gewoon met alles mee kan doen. Zeker na roodvonk, mazelen en kinkhoest hebben kinderen een lange herstelperiode nodig.

Verder is het ook bij het ziek-zijn prettig als de dag een aantal vaste punten heeft, waarin samen en alleen, afleiding en rust elkaar regelmatig afwisselen. Waar de accenten liggen hangt uiteraard af van hoe ziek het kind zich voelt. Tot de meest gewaardeerde ingrediënten van het ziek-zijn behoren het voorlezen en samen knutselen.

Koorts en goed eten gaan meestal niet samen. Een paar dagen niet of nauwelijks eten kan geen kwaad; uiteraard is goed drinken, liefst (in dit geval licht gezoete) kruidenthee, wel van belang. Let verder op dat het kind geen verstopping heeft, omdat dit het genezingsproces kan vertragen.

Als een kind geen koorts meer heeft, maar zich nog niet echt beter voelt, wil het vaak meer dan het kan. Dat is lastig, zowel voor het kind omdat het nog zo kwetsbaar is, als voor de ouders. Probeer ook dan een paar duidelijke punten in de dag in te bouwen, waar het kind houvast aan heeft. En verder kan het een grote hulp zijn als je een doos met leuk speelgoed of nieuwe speeltjes achter de hand hebt.

Als een kind lang ziek is, of als er meerdere kinderen na elkaar ziek zijn, kun je wel eens 'tegen de muren opvliegen'. Probeer tijdig maatregelen te nemen, waardoor je er eens even uit bent en nieuwe energie kunt opdoen.

Rachitis – Engelse ziekte

Als de huid door zonlicht beschenen wordt, maakt ons lichaam vitamine D aan. Vitamine D is noodzakelijk voor de juiste opbouw van het skelet. Krijg je daarvan een tekort, dan kunnen er botveranderingen optreden aan alle botten, maar het eerst aan de ribben, de polsen en de enkels (verdikking van de groeischijf) of het schedelbot kan week worden. Niet zelden vertonen kinderen met rachitis verschijnselen van hardnekkige verkoudheid, spierslapte en overmatig transpireren. Treedt de ziekte op in de periode dat het gebit wordt aangelegd, dan kan er een defect aan het tandglazuur van de definitieve tanden ontstaan. In Nederland wordt een uitvoerige rachitisprofylaxe bedreven door het toedienen van extra vitamine D. Ons inziens is een standaardmaatregel waarbij alle jonge kinderen het hele jaar door vitamine D voorgeschreven krijgen, niet gunstig omdat het van een aantal factoren afhankelijk is of een kind de extra vitamine D inderdaad nodig heeft. Zo speelt het jaargetijde een rol, omdat er in de zomer meer zonlicht is en het kind meer buiten komt. Ook de omgeving waar het kind opgroeit maakt uit; op het platteland is de lucht vaker helderder dan midden in de grote stad. En ten slotte speelt de natuurlijke huidskleur van het kind een rol bij het al dan niet voorschrijven van vitamine D. Een donkere huid beschermt beter tegen licht, maar heeft daardoor meer licht nodig om vitamine D te kunnen maken. Daardoor lopen kinderen met een donkere huid sneller het risico een vitamine-D-tekort op te bouwen. Een te hoge vitamine-D-spiegel is op langere termijn niet gunstig voor de gezondheid van het kind (zie ook *Groeiwijzer van nul tot één jaar*). Zelf kun je niet beoordelen of je kind een (dreigend) tekort heeft aan vitamine D. Daarom is het nodig om op het consultatiebureau te overleggen of het kind extra vitamine D nodig heeft.

Allergieën

Wanneer een kind vaak buikpijn en diarree of eczeem heeft, of vaak snottert en benauwd is, kan er sprake zijn van een overgevoeligheid of allergie voor iets in de voeding of uit de omgeving. In alle gevallen gaat het om een probleem dat zich afspeelt aan een van de begrenzingen van het lichaam: het darmslijmvlies, de huid of het slijmvlies van de luchtwegen. Steeds spelen twee factoren een rol: er is iets dat van buiten komt en er is een heftig reagerende 'binnenkant', die als het ware een indringer buiten wil houden. Deze reactie wordt verzorgd door het afweersysteem in het lichaam van het kind.

Overgevoeligheid en allergieën blijken steeds vaker voor te komen. Een reden kan zijn dat de (milieu-)verontreiniging van bodem, water en lucht, waar wij ongemerkt op allerlei manieren mee in aanraking komen, een voortdurende geringe prikkeling van het afweersysteem geeft. Het gevolg zou een verhoogde algemene prikkelbaarheid van het afweersysteem kunnen zijn, waardoor makkelijker dan vroeger een overgevoeligheid ontstaat voor een of ander voedingsmiddel, voor iets in de lucht of voor iets waar de huid vaak mee in aanraking komt. Verhoogde prikkelbaarheid kan ook ontstaan door bijvoorbeeld 'trauma's' tijdens de zwangerschap of in de eerste levensjaren en emotionele gebeurtenissen in de omgeving van het kind.

Of er bij klachten ook werkelijk sprake is van een overgevoeligheid of allergie is niet eenvoudig vast te stellen. Een mens kan voor ontzettend veel dingen overgevoelig worden. Eigenlijk weet je pas zeker of er zoiets speelt wanneer je 'elimineert' en 'provoceert'. Dat wil zeggen dat de situatie verbetert wanneer het verdachte stofje wordt weggelaten en/of verergert wanneer er weer contact mee is. Wanneer de oorzaak bekend is, is het algemene devies: het contact voorlopig vermijden.

Toch is deze aanpak maar één kant van de zaak. Omdat ook de 'binnenkant' een centrale rol speelt, kan het helpen om te zorgen voor een gekalmeerd, niet overprikkeld afweersysteem. Hierbij gaat het om het vermijden van mogelijke ongewenste prikkels, zowel op lichamelijk als op psychisch gebied. Het is bekend dat het afweersysteem zowel door lichamelijke als psychische prikkels beïnvloed kan worden. Wat valt er te doen in deze zin?

Allereerst zijn er op het stoffelijke gebied mogelijkheden via de keuze van voedingsmiddelen. In de biologische en biologisch-dynamisch landbouw worden bewust geen bestrijdingsmiddelen gebruikt, dus dat scheelt alvast aan ongewenste prikkels. Ook op psychisch gebied zijn er verschillende mogelijkheden om het afweersysteem te ontzien. Psychisch moet een kind alles wat via de zintuigen op hem afkomt, verwerken en 'verteren'. Per dag kan dat maar een bepaalde portie zijn; onverwerkte zaken kunnen 'stoorzenders' worden. Veel verbetering wordt vaak al verkregen door het vermijden van indrukken via radio, tv of video, maar ook van bijvoorbeeld boodschappen doen in veel drukte.

Overgevoeligheid is een grensprobleem; ook het consequent hanteren van grenzen in de opvoeding werkt positief. Het kan wonderen doen als ouders zelf op een goede manier met grenzen omgaan en rust uitstralen. Want áls er rust ontstaat, neemt de heftigheid van een overgevoeligheid vaak af.

Naast het brengen van rust in een overprikkelde situatie, is het belangrijk om in het algemeen het gezonde verterings- en verwerkingsvermogen van het kind te versterken. Dit zal ieder kind goed doen, maar met name een kind dat tot overgevoeligheid neigt omdat er enige preventieve werking van uitgaat. Zoals al eerder genoemd is, helpen daarbij echte en ware zintuiglijke indrukken (dus bijvoorbeeld geen kleur- en smaakstoffen) en een ritmische indeling van de dag, waar lichaam en psyche zich op in kunnen stellen. Wanneer er op een dag bijvoorbeeld steeds op dezelfde tijd gegeten wordt, stelt de vertering zich daarop in, en kan dan het nodige doen om de buitenwereld op een goede manier te ontvangen.

Eetproblemen

Veel kinderen doen in deze jaren moeilijk met eten, met name bij de warme maaltijd en dan vooral bij het eten van groene groenten. De mate waarin dit tot een probleem uitgroeit, is bij elk kind anders.

Wanneer er vóór deze periode een gewoonte is gecreëerd van een dagelijks terugkerende gezellige maaltijd met een duidelijk begin en eind, is er al veel gewonnen. Wanneer zich een probleem voordoet, is het goed jezelf eerst een aantal vragen te stellen, zoals:
– Is het kind bezig ziek te worden?
– Is de etenstijd te laat en is het kind daardoor te moe?
– Is er te veel op het bord geschept?
– Is het kind een ochtend- of avondmens in spé?
– Zijn er spanningen?
– Heeft het kind geen eetlust of zit het in de nee-fase?

Meestal blijkt het strijd te zijn, het kind komt immers in zijn koppigheidsfase en uit dit ook in zijn eetgedrag. Want niet eten is een zeer effectief strijdmiddel. Als opvoeder kun je slecht verdragen dat een met zorg klaargemaakt hapje, dat toch het nodige heeft gekost en uiteindelijk het kind in leven moet houden, zomaar in de vuilnisbak verdwijnt. Hierdoor krijgt het eten een lading. Een kind voelt dat haarscherp aan en dat werkt zeker niet eetlustbevorderend.

Het kind roept je op tot beweeglijkheid en creativiteit. Je probeert allerlei trucjes, van 'hapjes vliegtuigen die naar binnen vliegen' of 'feestgangers die allemaal op het feest willen komen', tot combinaties maken van bijvoorbeeld worteltjes met yoghurt in één hapje, of om beurten een hapje toetje en een hapje groenten. Het verstoppen van geweigerde producten in hartige granenkoekjes (zie blz. 119) of gepureerde soepen is ook vaak een hulp. Om hier speels mee om te gaan en tegelijkertijd het vertrouwen te hebben dat het overgaat, valt niet altijd mee.

Het is goed om voor ogen te houden dat er veel oorzaken voor dit probleem zijn en dat er ook veel mogelijkheden te vinden zijn om ernaar te kijken. Het is daarom raadzaam hier op het consultatiebureau verder over te praten. Zie ook het boekje *Kleine eters* van Els Hofman.

Slaapproblemen

Voor sommige kinderen is het inslapen of doorslapen een groot probleem, waarbij de adviezen die in dit boek bij de verschillende leeftijdsfasen beschreven staan niet of onvoldoende helpen. Meestal is het probleem ontstaan door een slechte gewoonte. Dat vraagt om een pedagogische aanpak en niet in eerste instantie om een medicamenteuze. Hooguit kunnen antroposofische medicijnen het proces ondersteunen.

Bij de aanpak van een hardnekkig slaapprobleem van je kind is het goed om je allereerst de vraag te stellen of het slecht inslapen of het 's nachts wakker worden wel een echt probleem voor je is, of dat je omgeving je dat heeft aangepraat. Of de aanpak lukt hangt namelijk direct samen met je eigen motivatie. Als je misschien met je verstand wel weet dat een kind 's nachts hoort te slapen, maar je het in je hart niet zo'n probleem vindt, dan ontbreekt vrijwel zeker de kracht om op moeilijke momenten vol te houden. Want het doorbreken van slechte slaapgewoonten kost veel inspanning en soms ook pijn, omdat het kind zich heftig zal verzetten, en dat gaat niet zonder tranen. Als je dat niet wilt, terwijl je wel erg lijdt onder de moeizame avonden of de gebroken nachten, dan is het goed om te onderzoeken wat je tegenhoudt. Vaak zijn het denkbeelden die je gevoel over de situatie kleuren, maar waarvan je je eigenlijk niet bewust bent. Misschien heeft je omgeving grote invloed op je, of komen die denkbeelden voort uit je eigen (negatieve) ervaringen als kind. Het kan zijn dat je vindt dat je er altijd, dus ook 's nachts voor je kind moet zijn, omdat je anders een slechte ouder bent. Of dat je kind er trauma's aan overhoudt als je het 's nachts laat huilen. Schuldgevoel, omdat je overdag niet genoeg aan je kind toekomt, kan ook een rol spelen. Praktisch zijn dit soort gedachten vaak niet, omdat geen enkele ouder het op den lange duur volhoudt om er altijd voor zijn kind te zijn, en een uitgeputte ouder al helemaal niet. Zitten dit soort denkbeelden je echt in de weg, dan kan het zinvol zijn om daar iets mee te doen – zo nodig met hulp.

Als de slaapproblemen zich voordoen in combinatie met problemen met de gezondheid van het kind, dan is het goed om eerst naar het consultatiebureau of de huisarts te gaan. Er kan dan gezamenlijk gekeken worden welke aanpak geschikt is voor het kind.

Als een verhuizing, of spanning in het gezin een rol speelt bij het slaapprobleem, kan gezocht worden naar een aanpak die het kind zo min mogelijk belast. Als het om echt grote problemen gaat, is dat vaak maar ten dele mogelijk, alle goede bedoelingen ten spijt. Zeker als het kind angstig en onzeker is, is het van belang af te wegen of de slaapproblemen als eerste aangepakt moeten worden, of dat de angst de eerste aandacht behoeft.

Als het besluit genomen is om daadwerkelijk iets aan de problemen te gaan doen, dan ligt het accent in eerste instantie op de dag. Op blz. 41 worden bij *de drie peuterwapens* al enkele aanwijzingen gegeven. Soms helpen deze meteen al goed, meestal scheppen ze de voorwaarden voor een goed verder verloop.

Als daarna de avonden of nachten aangepakt worden, doet het er niet meer zo veel toe voor welke maatregel er gekozen wordt. Belangrijk is dat je vertrouwen in de aanpak hebt, zodat je er echt achter kunt staan, en dat je als ouders op één lijn zit.

We noemen kort enkele voorbeelden. Om deze daadwerkelijk in de praktijk te kunnen brengen verwijzen we naar de literatuuropgave achterin het boek. En verder kun je natuurlijk steun en advies vragen van het consultatiebureau. Het uitgangspunt bij de verschillende methoden is, dat je een kind niet kunt dwingen om te slapen, maar dat je wel van hem kunt verlangen dat hij in bed blijft en de andere leden van het gezin rustig laat slapen.

Zorg voor een goed avondritueel en vertel daarna met overtuiging in je stem dat je kind nu gaat slapen, en dat iedereen gaat slapen tot er weer een nieuwe dag begonnen is. De intonatie van je stem maakt het kind duidelijk dat het voor jou om een serieuze zaak gaat. Eén methode kan zijn om verder niet meer op het huilen te reageren. Ga hooguit eens de kamer in om te kijken of het kind goed ligt. De eerste avond of nacht zal het kind misschien wel een paar uur huilen, daarna misschien wisselend een avond niet en dan weer een avond wel, maar binnen een week slapen eigenlijk alle gezonde kinderen gewoon door. Een andere methode is om naar het kind toe te gaan als het huilt, je gezicht even te laten zien, rustig te zeggen dat het moet gaan slapen, en dit consequent op gezette tijden te herhalen tot het kind slaapt. Ook bij deze methode slapen de meeste kinderen binnen een week weer door.

Het kind zal zeker nog wel eens terugvallen in het oude gedrag, maar door accuraat ingrijpen is ieders nachtrust meestal weer snel gewaarborgd.

Aandachtspunten voor gedragsafwijkingen

Kinderen kunnen op alle leeftijden symptomen vertonen die te maken hebben met gedragsstoornissen of psychische problematiek. Wij noemen hier enkele symptomen die aanleiding kunnen zijn voor overleg met de huisarts. Dit betekent niet dat de symptomen die hier worden genoemd ook op een afwijking duiden. Dat wordt pas bij nader onderzoek vastgesteld.

Overbeweeglijkheid
Van overbeweeglijkheid kunnen we spreken als een kind nooit stil kan zitten, overal aan komt, onrustig en opgewonden is en zijn aandacht in hoog tempo naar steeds andere voorwerpen of gebeurtenissen getrokken wordt.

Angst
Van abnormale angst is sprake wanneer een kind erg contactschuw is, heftige scènes maakt om niets, totaal overstuur raakt van het zien van bijvoorbeeld de dokter, en in een paniektoestand kan raken waarin het niet meer 'bereikbaar' is.

Eenzelvigheid
In dit geval is het kind eigenlijk alleen met zichzelf bezig. Het lijkt voortdurend in een eigen binnenwereld te vertoeven, en het lijkt de omgeving niet op te merken. Het kind is bewegingsarm en neemt aan het sociale leven eigenlijk nooit deel.

Agressiviteit
Sommige kinderen vertonen een overmaat aan destructief gedrag. Alles in hun omgeving wordt gesloopt of sneuvelt. Het lijkt of het kind daaraan een zekere vreugde beleeft, het wordt als een magneet naar situaties getrokken waar iets te mollen valt en het blijkt niet corrigeerbaar op dit punt.

Uiteraard zijn bovenstaande karakteristieken een grove schets, ze dienen ook geen ander doel dan gedragsstoornissen extra in het bewustzijn te roepen, zodat waar nodig tijdig hulp ingeroepen kan worden.

Werkwijzen

KAMILLE-BUIKWIKKEL

Maak kamillethee van een handvol kamillebloempjes overgoten met een halve liter water dat net van de kook af is. Laat de thee afgedekt 10 minuten trekken.
   Zorg ervoor dat het kind in bed klaar ligt, met een pyjama aan, en dat het warme voeten heeft. Geef zonodig een platte, niet te warme kruik.

Neem voor de buikwikkel een lap katoen of bourettezijde van ca. 10 x 75 cm en rol deze op.
Neem een luier of theedoek die als uitwringdoek kan fungeren.
Leg de rol in de uitwringdoek en rol het geheel zo op dat er twee handzame uiteinden ontstaan (zie tekening).
Neem een wollen doek of sjaal, die groter is dan de buikwikkel en leg deze alvast onder de rug van het kind.
Leg nu de opgerolde 'worst' in een kom of schaal, met de uiteinden over de rand heen (zie tekening). Giet hierover door een theezeef de kamillethee en laat de doek zich goed vol zuigen. Pak met twee handen de droge uiteinden beet en wring de wikkel zeer stevig uit. Wanneer de buik van het kind ontbloot wordt, kan de binnendoek uit de uitwringdoek gehaald worden. Het is van belang dat de lap heet is en dat er stoom vanaf komt, maar hij mag niet meer nat aanvoelen.
Wikkel de lap snel om het buikje en wikkel daar direct de wollen lap omheen, zodat er zo min mogelijk afkoeling plaatsvindt. Sluit de wollen lap eventueel met een veiligheidsspeld. Doe het pyjamajasje goed naar beneden en de pyjamabroek eroverheen. Een warme platte kruik op de buik houdt de wikkel aangenaam warm.
Het aanleggen van een buikwikkel vraagt vaardige handen. Het moet snel gebeuren opdat het geheel niet afkoelt, waardoor juist een tegengesteld effect bewerkstelligd zou worden. Daarom wordt vaak een kompres geadviseerd, omdat dit eenvoudiger is.
Laat het kind nu lekker doezelen of slapen. Na een half uur kan de wikkel worden weggehaald, maar dat hoeft niet als het kind slaapt.

Kamille-buikkompres

Tref de voorbereidingen zoals beschreven bij de kamille-buikwikkel. Neem een vierkant lapje, bijvoorbeeld een zakdoek, en vouw dit tweemaal dubbel tot een vierkant. Leg het kompres in een uitwringdoek en drenk het geheel in de kamillethee, zodanig dat de uiteinden over de rand hangen en droog blijven. Wring het kompres goed uit en leg het daarna zo heet mogelijk op de buik. Wikkel meteen een wollen sjaal of doek om het lijfje, zodat het een warm pakketje wordt. Twee lichte maar warme kruikjes worden rechts en links tegen de flanken gelegd.
Laat het kind lekker doezelen of slapen. Na een half uur kan het kompres weggenomen worden, maar als het kind slaapt hoeft dat niet.

Handwarme citroenkousjes

Druk in een kom met handwarm water een halve citroen (zo mogelijk biologisch) met de handpalm uit. Drenk een zwachtel of een reep katoen in het citroenwater zodat deze door en door nat is, wring de zwachtel in een uitwringdoek goed uit en omwikkel de voetjes en onderbenen van het kind ermee. Trek het kind daarna wollen sokken aan.

Let erop dat het kind warme voeten heeft; geef zonodig eerst een warme kruik onder in bed.

Deze citroenkousjes mogen alleen bij hoge koorts omgedaan worden; de voetjes moeten warm zijn. Bij zeer hoge koorts kunnen deze wikkels in 10 à 15 minuten door het kind drooggestoomd zijn. Eventueel kan de procedure tot twee keer toe herhaald worden, pas daarna las je een pauze in van minstens een half uur. Meestal is de koorts dan al gedaald en is het kind in een rustige slaap gevallen.

Het is niet zinvol om de koorts tot beneden de 38°C te laten dalen, omdat dan de positieve effecten van de koorts (zie blz. 127) teniet gedaan worden.

Is er geen citroen bij de hand, dan kan ook een eetlepel azijn gebruikt worden.

Kwarkwikkel

Bij longontsteking, 1 maal daags, in overleg met de arts.
- 2 katoenen lappen die om de borst passen
- 1 wollen lap die om de borst past
- kwark

Vouw de katoenen lap open en smeer (met bijvoorbeeld een pannenlikker) een dunne laag kwark op het middelste derde deel. Vouw dan de lap dicht door de andere twee delen over het kwarkdeel te vouwen.
Warm de wikkel nu op (bijvoorbeeld tussen twee hete kruiken leggen).
Vervolgens leg je de warme wikkel om de borst (onderkant van de ribbenkast), dan de andere katoenen lap eromheen en tot slot nog de wollen lap eromheen. Kleren / pyjama eroverheen en het kind in bed leggen.
De wikkel kun je eromheen laten zitten tot het kind wakker wordt, desnoods de hele nacht (anders minimaal 20 minuten).

Citroenwikkel

Bij longontsteking, 1 maal daags, in overleg met de arts.
- 2 katoenen lappen die om de borst passen
- 1 wollen lap die om de borst past
- 1 citroen
- 1 uitwringlap

Kook water en doe dit in een schaal. Leg de citroen erin en snij deze onder water doormidden, maak inkepingen en druk hem uit. Rol één van de katoenen lappen (borstlap) van de uiteinden naar het midden toe op en vouw deze zo dat hij in de uitwringlap past. Dompel de borstlap in het citroenwater en wring hem uit.
Vervolgens de lap zo heet mogelijk om de borst doen (onderkant van de ribbenkast). Dan de andere katoenen lap eromheen en de wollen lap daar weer omheen. Kleren/pyjama eroverheen en het kind in bed leggen.
De wikkel kun je eromheen laten zitten tot het kind wakker wordt, desnoods de hele nacht (anders minimaal 20 minuten).

Uienkompres

Snijd een middelgrote ui fijn en leg hem in het midden van bijvoorbeeld een zakdoek. Vouw het geheel dicht en plak het pakketje met wat leukoplast vast. Verwarm het kompres even op de verwarming of op een kruik tot lichaamstemperatuur en leg het achter de oorschelp. Houd het kompres op zijn plaats met behulp van een muts of een hoofddoek (bijvoorbeeld een luier).

De ui houdt de neus open en doet binnen een paar minuten de pijnlijkheid van de oorontsteking afnemen.

Broeiverband

Neem een lap die minstens zo groot is als het gebied dat warm moet blijven en maak deze goed vochtig. Voor een broeiverband om de nek is een theedoek geschikt. Breng de lap aan op de gewenste plek en dek hem goed af met plastic. Dit verband mag langere tijd blijven zitten, en kan zonodig opnieuw vochtig gemaakt worden.

IJskompres

Neem een paar ijsblokjes uit het vriesvak van de koelkast en doe deze in een plastic boterhamzakje. Doe er voor alle zekerheid nog een plastic zakje om heen. Sla de ijsblokjes stuk en dep met het zo verkregen kompres de pijnlijke plek.

Fysiologisch zout

Los een theelepeltje zout op in een glas lauw water. Gebruik een pipetflesje om het zoute water in de neus te druppelen.

Kamille-neusdruppels

Los één theelepeltje zout op in een glas kokendheet water. Dompel hierin een papieren koffiefilter met wat kamillebloempjes, totdat het water lichtgeel kleurt. Doe de neusdruppels in een schoon pipetflesje en ververs ze elke twee dagen. Geef de neusdruppels lauwwarm.

Productinformatie

Voeding

Appel(peren)stroop Stroop die ontstaat door het indikken van appel-(peren)sap; let er bij de aankoop op dat er geen suiker of andere stroop aan toegevoegd is.
Bulghur Oorspronkelijk Turks graanproduct, vervaardigd uit tarwe; is licht verteerbaar.
Cous-cous Oorspronkelijk Marokkaans graanproduct, vervaardigd uit tarwe; is licht verteerbaar.
Diksap Ingedikt vruchtensap zonder verdere toevoegingen.
Gerstemoutstroop Stroop ontstaan door het mouten van gerst; maakt voedingsmiddelen lichter verteerbaar, werkt laxerend.
Gierst Een lichtverteerbare graansoort.
Honing Gebruik onverhitte honing van goede kwaliteit.
Kaas Gebruik heel jonge kaas.
Kruidenthee Geschikt zijn (mengsels van) lindebloesem, jasmijn, citroenmelisse, tijm, rozebottel, zoethout, appelschillen, kamille, venkelzaad, anijszaad en (met mate) pepermunt.
Kwark Waar in dit boek kwark genoemd is, wordt altijd volle kwark bedoeld.
Maïsmoutstroop Stroop ontstaan door het mouten van maïs, waarbij als 'starter' gerst gebruikt wordt.
Meelsoorten voor het bereiden van pap Biobim Junior (Joannusmolen) vanaf 12 maanden (EKO) en Biobim Follow-up (Joannusmolen) vanaf 15 maanden (EKO).
Natu-C Een vruchtensiroop zonder verdere toevoegingen; te gebruiken als zoetmiddel of, sterk verdund, als sap.
Noten Geschikt voor kleine kinderen zijn vooral amandelen en hazelnoten, gemalen of in de vorm van pasta voor op brood.
Oersuiker Ongeraffineerde rietsuiker.
Olie Gebruik een koudgeperste olie met een neutrale smaak, bijvoorbeeld saffloerolie, zonnebloemolie of maïskiemolie.
Quinoa Dit op gierst lijkend zaad is lichtverteerbaar en goed als aanvulling op granen te gebruiken.
Thermogrutten De grutten van de verschillende granen hebben een warmtebehandeling ondergaan waardoor ze licht verteerbaar zijn en niet lang hoeven koken.

Vlokken Koop graanvlokken in kleine hoeveelheden in verband met de versheid. Vlokken die in aanmerking komen zijn: rijst-, boekweit-, gierst-, haver- en gerstvlokken, bijvoorbeeld van het merk Akwarius.
Zure-melkproducten Geschikt zijn: garde, miomel, yomio, viïli, yoghurt, karnemelk.

Gebruik, wanneer dit mogelijk is, ingrediënten van biologische of biologisch-dynamische kwaliteit (EKO of Demeter). Al deze producten zijn in natuurvoedingswinkels en soms in supermarkten verkrijgbaar.

MEDICAMENTEN

Arnica zalf 10% (Weleda)
Arnica D3 (inwendig) (Weleda)
Arnica essence 20% (Weleda)
Calendula wondzalf (Weleda)
Calendula essence 20% (Weleda)
Carbo Betulae D3 poeder (Weleda)
Combudoron brandwondengel (Weleda)
Combudoron brandwondenzalf (Weleda)
Combudoron brandwondenvloeistof (Weleda)
Combudoron spray (Weleda)
Mentholpoeder (bij drogist of apotheek)
Neuscrème (Wala of Weleda)
Norit (bij drogist of apotheek)
Prrikweg (VSM)
Wecesin poeder (Weleda)

Literatuur

In deze literatuuropgave zijn de boeken per hoofdstuk gerangschikt.

Wat wij belangrijk vinden bij de omgang met peuters
Albert Soesman, *De twaalf zintuigen*, Zeist 2005[4]

De ontwikkeling van het kleine kind
Paulien Bom en Machteld Huber, *Groeiwijzer van nul tot één jaar. Voeding en verzorging*, Zeist 2008[7]
Wolfgang Goebel en Michaela Glöckler, *Kinderspreekuur. Gezondheid – ziekte – opvoeding*, Zeist 2003[4]
Monika Kiel-Hinrichsen, *Nee, ik wil niet!*, Zeist 2001
Els Leemans en Maus Bruinsma, *Omgaan met kinderen van 1½ tot 4 jaar*, Groningen 1999[2]
B.C.J. Lievegoed, *Ontwikkelingsfasen van het kind*, Zeist 2008[13]
Lydia van der Meij, *Langer spelen om beter te leren*, Zeist 2005
Joan Salter, *Op weg naar de aarde. Verwachting – geboorte – eerste levensjaren*, Zeist 1999[2]

De kunst van het opvoeden
Paulien Bom, *Kinderen en grenzen stellen. Opvoeden met gezond verstand*, Utrecht 2009
H. Faddegon, *Opvoeden met overleg: van baby tot kleuter van vier jaar*, Rotterdam 1992
Nicola Fels, Angelika Knabe en Bartholomeus Maris, *Samen met je kind op weg*, Zeist 2005
Thomas Gordon, *Luisteren naar kinderen*, Baarn 2003
Anneke Maissan, *Opvoeden is mensenwerk*, Zeist 2006
Edmond Schoorel, *De eerste zeven jaar. Kinderfysiologie*, Zeist 2008[4]
Rudolf Steiner, *De opvoeding van het kind*, Amsterdam 2001
David Walsh, *Nee! Waarom ouders het niet zeggen en kinderen het wel moeten horen*, Zeist 2008

Ouders en kinderen
Riekje Boswijk-Hummel, *Revolutie binnen de relatie*, Haarlem 1997[7]
Joop van Dam, *Het zesvoudige pad. Basisoefeningen voor de spirituele ontwikkeling*, Zeist 1996

Wolfgang Gädeke, *Huwelijk en relatie*, Zeist 1988
Michaela Glöckler, *Ouders en hun kinderen. Opvoeding en ontwikkeling: een ontdekkingsreis*, Zeist 2002[2]
Karl König, *Waarom ben ik mijn broertje niet?*, Zeist 1993[5]
Anne Morrow Lindbergh, *Geschenk van de zee*, Zeist 2002[3]
Els Lodewijks-Frenken, *Dag Marietje, tot vanavond. Over ouderschap, kinderopvang en pedagogische verantwoordelijkheid*, Baarn 1992
John B. Thomson, *Gewoon kind zijn. Een praktische gids voor de eerste zeven jaar*, Zeist 1998
Jaap van de Weg, *Lof der hindernissen. Inwijdingsmotieven in het dagelijks leven*, Zeist 1996

Thema's in de verzorging
Emil Bock, *De jaarfeesten als kringloop door het jaar*, 2007[5]
Els Hofman, *Kleine eters. Peuters en kleuters met eetproblemen*, Amsterdam 2006
Stefan Kleintjes, *Van borst tot boterham, gezonde voeding voor baby en kleuter van 0-4 jaar*, Rijswijk 2002
Lizzie Vahn, *Kookboek voor baby's, peuters en kleuters*, Utrecht 2001
Brigitte Barz, *Jaarfeesten vieren met kinderen*, Zeist 1991
Marieke Anschütz, *Omgaan met de jaarfeesten*, Zeist 1991[2]
B. Guinness, *Een tuin voor de hele familie. Ideeën om van uw tuin een betoverende leefwereld te maken*, Groningen 1997
Christiane Kutik e.a., *Leven met het jaar. Verhalen, liedjes en spelletjes, recepten en knutsels*, Zeist 2007[8]
Marjolein van Leeuwen en Jos Moeskops, *De seizoenentafel*, Zeist 2003[7]
Jeanne Meijs, *Liefde en seksualiteit. Seksuele voorlichting. Eros en Fabel*, Zeist 2006
Thomas Berger, *Seizoenenknutselboek*, Zeist 2000
Rainer Patzlaff, *De bevroren blik. De fysiologische werking van het beeldscherm en de ontwikkeling van het kind*, Zutphen 2005
Michaela Strauss, *Kindertekeningen. De beeldentaal van het kleine kind*, Zeist 1995[3]
Nelly Bodenheim, *Rijmpjes en versjes uit de oude doos*, Amsterdam 1992
Hedwig Diestel, *Ik ben een grote bruine beer*, Zeist 1995
Hedwig Diestel, *Snittersnat en Bosseklos*, Zeist 1995
Ruth Elsässer, *Lammetje waar ben je*, Amsterdam 1995
Marianne Garff en Bettina Stietencron, *Daar dansen de dwergen*, Zeist 1991
Liane Keller, *Bakersprookjes*, Zeist 2001[4]
Loek Koopmans, *Kan ik er ook nog bij?*, Zeist 2008[6]

Astrid Lindgren en Harald Wiberg, *Tomte en de vos*, Zeist 2008[4]
Waddell, *Welterusten kleine beer*, Rotterdam 1992

Ziekten en zorgen
Gezichtspunten. Brochurereeks uitgegeven door het Centrum voor Sociale Gezondheidszorg (zie adressen hieronder). Verkrijgbare titels o.a.: *Koorts, Allergie, Antroposofische geneeskunde, Antroposofische verpleegkunde, Inenten, waarom wel, waarom niet?*
Gifwijzer (bij elke apotheek verkrijgbaar)
Henning Köhler, *Over angstige, verdrietige en onrustige kinderen*, Zeist 2006[3]
Jeanne Meijs, *De diepste kloof. Spel en verhaal als hulp voor kinderen met problemen*, Zeist 2007[3]
Paul Meuwese, *Zelfzorggids*. Brochure *Gezichtspunten*
R. Schregardus, *Kinderen met slaapproblemen: een werkboek voor ouders*, Meppel 1990
M. Owel, *Koemelk-eiwitallergie*, een lijst van koemelk-eiwitvrije natuurvoedingsproducten. M. Owel, Postbus 483, 7500 AL Enschede

Adressen in Nederland

Biologica, Postbus 12048, 3501 AA Utrecht, tel. 030-2339970, www.biologica.nl
Buro van het Huis Houden, (probeert in samenwerking met de ouders orde op zaken te stellen in het huishouden). Prins Hendriklaan 8, 3972 EV Driebergen, tel. 0343-521352
Centrum Sociale Gezondheidszorg, Rijdergulden 9, 8253 CP Dronten, tel. 0321-339966, www. gezichtspunten.nl
Federatie Antroposofische Gezondheidszorg, Postbus 266, 3970 AG Driebergen, tel. 0343-533538
LPVAG, Landelijke Patiëntenvereniging ter bevordering van de antroposofische gezondheidszorg, Nieuwe Parklaan 58, 2597 LD Den Haag, tel. 070-3586272
Nederlandse Vereniging Kritisch Prikken, Postbus 1106, 4700 BC Roosendaal, www.nvkp.nl
Stichting Consument en Veiligheid, Postbus 75169, 1070 AD Amsterdam, www.veiligheid.nl, 020-5114511
Nederlands Jeugd Instituut (opvoedingsbrochures, o.a. over Zindelijk worden, Lezen op schoot, Zo leren kinderen praten, En toen was jij dood, enzovoort), Postbus 19221, 3501 DE Utrecht, www.sjn.nl, tel. 030-2306344
Vereniging voor biologisch-dynamische landbouw, Driebergen, www.demeter-bd.nl, tel. 0343-522355
Voedingscentrum Den Haag, www.voedingscentrum.nl. Voedingstelefoon voor vragen over gezonde voeding, voedselveiligheid of voedselovergevoeligheid, 070-3068888, dagelijks van 9 tot 17 uur.

WEBSITES

Antroposofische Ouder- en Kindzorg: www.kinderspreekuur.nl
Antroposofie en het kind Forum: www.antroposofiekind.nl
Nederlandse Vereniging van antroposofische Zorgaanbieders: www.nvaz.nl
www.eerstehulpinhuis.nl
www.gifwijzer.nl
www.valwijzer.nl

www.brandwondenwijzer.nl
www.eerstehulpwijzer.nl en www.ehbo.nl.
www.wikkelfee.nl
www.heemhuys.nl

Adressen in België

VZW Landwijzer, contactadres voor de biologisch-dynamische landbouw, Quellinstraat 42, 2018 Antwerpen, tel. 03-2815600
Mandragora, kleding, ook voor het kind, van natuurlijke materialen. Beeldhouwersstraat 46, 2000 Antwerpen, tel. 03-2378603. www.natuurkleding.nl
Vereniging voor Antroposofische Gezondheidszorg vzw, verstrekt informatie over therapeutica, artsen, specialisten en therapeuten. Geeft een nieuwsbrief uit en een adressengids. Klokstraat 10, 2600 Berchem, www.users.skynet.be/vag-assa, tel. 03-6057819

Over de auteurs

Toke Bezuijen werkte 18 jaar als verpleegkundige in het centrum voor antroposofische gezondheidszorg in Zoetermeer. Tegenwoordig geeft ze in haar eigen verpleegkundige praktijk en in het Centrum voor antroposofische gezondheidszorg in Leiden uitwendige behandelingen en palliatieve zorg. Daarnaast geeft ze cursussen over zorg en opvoeding van baby's en kleuters en de zorg rondom de geboorte.

Guus van der Bie was tot 2008 huisarts in het Centrum voor (eerstelijns) antroposofische gezondheidszorg in Zeist. Tegenwoordig is hij actief in antroposofisch medisch onderzoek en opleidingswerk.

Paulien Bom-Bos werkte jarenlang als antroposofisch consultatiebureau verpleegkundige in Zeist en Amsterdam. Tegenwoordig is zij werkzaam als publicist. Zie ook www.paulienbom.nl.

Machteld Huber werkte na haar opleiding als huisarts enige jaren in de drugshulpverlening. Na deze ervaring koos zij voor werk in de sector van de preventieve geneeskunde vanuit antroposofisch perspectief. Samen met anderen richtte zij het Voedingsinstituut Dúnamis op, waar zij tot 2000 directeur van was. Haar huidige werk is op het Louis Bolk Instituut in Driebergen, waar zij onderzoek doet naar de gezondheidswaarde van biologische voeding.

Anneke Maissan-van der Hoeven werkte 22 jaar als verpleegkundige in het Centrum voor antroposofische gezondheidszorg in Gouda, waar zij betrokken was bij de zorg voor ouders en kinderen. Sinds 1981 werkt zij daar ook als psycho-sociaal werker, en geeft biografische counselling en cursussen.

Register

Aandacht 28, 42
Aardappels 55
Abrikozensaus, recept 111
Achtergrondmuziek 89
Afweersysteem 127, 146
Agressiviteit 59, 150
Allergie 145
Angina 130
Angst 24, 41, 59, 93, 100, 115, 122, 122, 150
Appelsap 133
Bedplassen 124
Beloning 37 e.v
Beweging 15
Bijten 40, 48
Blaasontsteking 73, 132
Bloedneus 134
BMR-vaccinatie 142
Boetseren 85, 117
Bof 139
Box 35, 47, 100, 102, 116
Braken 132
Broeiverband 128, 156
Brood 125
Buikpijn 128, 145
Cariës 61 e.v
Cassettebandje 89, 90
Citroenkousje 127, 153
Citroenwikkel 154
Computer 93
Crèche 50
Dauwworm 129
Denken 15, 21
Diarree 133, 145
Difterie 138
DKTP-vaccinatie 142
Doktertje spelen 67
Doofheid 89, 130
Dreigen 41
Driftbuien 115
Duimzuigen 101
Eczeem 145

Eenkennigheid 51
Eenzelvigheid 150
Eetproblemen 41 e.v, 147
Eieren 58, 106, 126
Eiwitbronnen 58
Engelse ziekte 145
Epilepsie 127
Fantasie 13, 24, 79, 89, 93, 122
Fluor 63
Fopspeen 62, 101
Fysiologisch zout 129, 130, 156
Gastouders 50
Gebit 60, 101, 119
Geheugen 108, 113, 120
Gehoorzaamheid 35, 121
Geweten 25, 37, 114, 121
Gezin 43
Gezinscultuur 23
Graan/groentenkoekjes, recept 119
Granen 55, 125
Grenzen 10, 23, 26, 33, 36, 42, 114, 146
Groenten 56, 126
Groententaart, recept 111
Hersenschudding 134
Hersenvliesontsteking 140
Hib-vaccinatie 142
Hoesten 129
Hoofdkussen 122
Huisdieren 102
Huishouden 29
Hyperactiviteit 59
IJskompres 128, 156
IJzer 60
Ik-zeggen 20, 23, 84, 113, 121
Impetigo 131
Inentingen 142
Insectenbeten 135
Jaarfeesten 91 e.v

Jaloezie 40, 45
Jeuk 135
Kamille-buikkompres 152
Kamille-buikwikkel 151
Kamille-neusdruppels 156
Kamillethee 129
Keelpijn 128
Keurmerk 54
Kiespijn 128
Kinderdagverblijf 50
Kinderverlamming 138
Kinderziekten 137 e.v.
Kinkhoest 138, 144
Kleding 72
Klieren, opgezette 130
Klompen 75
Knutselen 123
Koorts 46, 127, 153
Koppigheidsfase 23, 26, 36
Krentenbaard 131
Kruiden 105, 125
Kwarkwikkel 154
Lacto-vegetarische voeding 55, 58, 125
Landbouw, biologische – 54, 146
Landbouw, biol.-dynamische – 54, 146
Lateralisatie 17
Lawaaibuikjes 111
Liedjes 36, 86 e.v
Lijmoren 130
Linkshandigheid 18
Luizen 131
Lopen 15
Machtsstrijd 38, 41
Magisch bewustzijn 22, 93
Mazelen 139, 144
Melkproducten 58
Meningitis 140
Meningokokken C-vaccinatie 142

165

Middenoorontsteking 130
Nabootsing 14, 28, 52
Nachtschaden 106
Natuurlijke materialen 72
Nee zeggen 36
Neus snuiten 101
Nitraatgehalte 57, 105
Noten 58
O-benen 16
Ontwikkeling, lichamelijke – 16
Ontwikkeling, motorische – 17, 62
Oorpijn 128
Opruimen 81
Oudergroep 49
Overbeweeglijkheid 150
Pantoffels 76
Pap 104
Peulvruchten 58, 106, 125
Peutergroepje 50, 119, 134
Peuterwapens 41
Pijn 128
Pijnstiller 128
Poliomyelitis 138
Pop 46, 81, 113, 116
Pseudocroup 131
Rachitis 145
Radio 93, 146
Rauwkost 52, 54, 110
Rechtshandigheid 18
Rijmpjes 20
Ritme 22, 32, 46, 87, 115
Rituelen 32 e.v, 63, 99, 103, 108, 122, 149
Rode hond 139
Roodvonk 141, 144
Ruzie 47, 49
Sandalen 75
Schaamte 66
Schaafwondjes 136

Schilderen 85, 117
Schoenen 75
Seksualiteit 17, 65 e.v
Slaan 40 e.v, 48
Slaapproblemen 41 e.v, 147
Slapen 99, 109, 115, 122
Snijwondjes 136
Snoep 64, 119
Sociaal-emotionele ontwikkeling 22
Sociale vermogens 12, 45
Soja 58
Sokken 76
Speelgoed 76 e.v, 100
Spel 30, 76 e.v, 100, 109, 113, 116, 122
Spijsverteringsstoornissen 60
Straf 31, 37 e.v
Suiker 59, 64, 106
Taalontwikkeling 15, 19, 90, 98, 108
Taalontwikkeling 90
Tandarts 62, 65, 101, 110, 117, 119
Tandpasta 63 e.v
Tandplak 61 e.v
Tekenen 83, 113, 117, 120
Televisie 93, 116, 146
Tetanus 138
Trappelzak 73, 99
Tuigje 35
Tuin 77
Uienkompres 128, 130, 155
Vaccinatie 142
Veiligheid 33, 35, 95, 102, 110, 117, 122, 125
Verbrandingen 135
Vergiftigingen 136

Verkoudheid 101
Versjes 20, 36, 86 e.v
Verstopping 70, 133, 144
Verstuikingen 136
Vetten 58
Vijfde ziekte 141
Vis 58, 106, 126
Vitamine D 60, 145
Vitaminen 59 e.v
Vlees 58, 106, 126
Voeding 42, 52, 103, 110, 118, 125
Voedingskwaliteit 54
Warmtehuishouding 72
Waterpokken 140
Wattenstokjes 101
Wc-brilverkleiner 70
Wilsontwikkeling 26
Wondjes, ontstoken 136
Wormen 132
X-benen 16
Zeiltje 124
Zelfredzaamheid 98, 112, 120, 124
Zesde ziekte 141
Ziekenhuis 81
Ziekte 32
Zindelijkheid 38, 41 e.v, 46, 66, 68 e.v, 112, 117, 120, 122, 124, 134
Zintuigen 11, 21, 55, 94, 146
Zoet 59
Zoetstoffen 60
Zonnebrand 136
Zout 105, 126
Zuigfles 61, 101
Zuigflescariës 65
Zuivel 58, 125